VOR ALLEM
GEMÜSE

TANJA DUSY & INGA PFANNEBECKER

VOR ALLEM
GEMÜSE

GEMÜSE SO NOCH NIE GESCHMECKT –
VON ZOODLES BIS SÜSSKARTOFFELTOAST

FOTOGRAFIE: JUNI

DIE GU-QUALITÄTS-GARANTIE

Wir möchten Ihnen mit den Informationen und Anregungen in diesem Buch das Leben erleichtern und Sie inspirieren, Neues auszuprobieren. Bei jedem unserer Bücher achten wir auf Aktualität und stellen höchste Ansprüche an Inhalt, Optik und Ausstattung. Alle Rezepte und Informationen werden von unseren Autoren gewissenhaft erstellt und von unseren Redakteuren sorgfältig ausgewählt und mehrfach geprüft. Deshalb bieten wir Ihnen eine 100 %ige Qualitätsgarantie.

Darauf können Sie sich verlassen:
Wir legen Wert darauf, dass unsere Kochbücher zuverlässig und inspirierend zugleich sind. Wir garantieren:
• dreifach getestete Rezepte
• sicheres Gelingen durch Schritt-für-Schritt-Anleitungen und viele nützliche Tipps
• eine authentische Rezept-Fotografie

Wir möchten für Sie immer besser werden:
Sollten wir mit diesem Buch Ihre Erwartungen nicht erfüllen, lassen Sie es uns bitte wissen! Wir tauschen Ihr Buch jederzeit gegen ein gleichwertiges zum gleichen oder ähnlichen Thema um. Nehmen Sie einfach Kontakt zu unserem Leserservice auf. Die Kontaktdaten unseres Leserservice finden Sie am Ende dieses Buches.

GRÄFE UND UNZER VERLAG
Der erste Ratgeberverlag – seit 1722.

VORWORT 6

GEBRAUCHSANWEISUNG 7

1
AUF DIE HAND IN DEN MUND 8
Burger, Sandwiches, Puffer, Waffeln & Snacks

2
SALATE ZUM SATTESSEN 48
Rohe, gerollte, gebratene & gebackene »Salate« für alle Jahreszeiten

3
1 TOPF UND 1 PFANNE 78
Bowls, Suppen, Currys, Noodles & Zoodles und tolle Pfannengerichte

4
AUS DEM OFEN & VOM GRILL 128
Falafel, Pizza, Flammkuchen, Tartes & more

5
SIND DIE SÜSS! 166
Farbenfrohe Kuchen, Cremes & Eis

REGISTER 186

IMPRESSUM 192

VOR ALLEM GEMÜSE ...

... und ab und zu ein bisschen Fleisch

Das ist unser täglich Brot: Rezepte entwickeln, Foodtrends aufspüren und Neues ausprobieren. Als Kochbuchautorinnen macht uns beiden das richtig viel Spaß! Neben den aktuell heiß diskutierten Themen – wie Low Carb, glutenfreie Ernährung, weniger oder gar kein Zucker – beschäftigt viele die Frage: Darf man heute noch Fleisch essen oder sollte man besser Vegetarier oder Veganer werden?

Darauf wollen wir gar keine kategorische Antwort geben – denn das bleibt natürlich jedem selbst überlassen. Für uns ist dagegen eine neue, kreative Gemüseküche die spannende Herausforderung. Nicht mehr länger zur Beilage degradiert, soll das Gemüse zum Mittelpunkt auf dem Teller werden. Die Devise lautet: Gemüse ist unser neues Fleisch. Diese Entwicklung ist auch schon überall sichtbar: Es sind nicht mehr nur die »Liebhaber«, die auf den Bauernmärkten nach alten oder besonderen Gemüsesorten suchen. Vielmehr sind Avocado, Grünkohl & Co. plötzlich so hip, dass man sogar in den entlegensten Supermärkten noch fündig wird. Was uns noch mehr begeistert, ist die ungewohnte Art, Gemüse zuzubereiten und zu kombinieren. So erscheint auch längst vertrautes »Grünzeug« in einem anderen Look – wie wir es bisher noch nie gesehen oder geschmeckt haben. Blumenkohl muss nicht immer in Béchamelsauce serviert werden, sondern wandert anstelle von Reis klein gehackt in Sushi oder gar in Milchreis. Aus Zucchini werden lange Zoodles-Nudeln, aus Mais wird auch mal Eis – wir finden's nice!

Es ist ein Vergnügen, mit Gemüse zu experimentieren, es zu hobeln, zu raspeln, zu spiralisieren, zu rösten und zu grillen, es zu einem kunterbunten Rainbow-Salat, einem Kuchen oder einem perfekten Burger zu verarbeiten. Dabei gibt es für uns kein Muss: Nach Lust und Laune haben wir auch gerne mal Fleisch mit auf dem Teller.

Ob unsere neue Gemüseküche auch anderen außer uns schmeckt? Auf jeden Fall! Wir schreiben nicht nur graue Kochbuch-Theorie, sondern haben Familie und Freunde, die unseren Genuss teilen. Da sind zum einen die Männer, die sich über ein Stück Speck oder unsere »Beilagen« aus Fleisch und Fisch freuen – die aber mindestens ebenso angetan sind von den starken Gemüse-Aromen. Unsere Kids beißen total gerne in Möhren-Hot-Dogs und unsere Gäste schwärmen noch Wochen später vom herrlichen Kürbis-Braten. Deshalb heißt es bei uns mittlerweile fast täglich: Gemüse ist unser Fleisch! Noch Fragen?

Tanja Dusy & Inga Pfannebecker

WIE FUNKTIONIERT
»VOR ALLEM GEMÜSE«?

Eine Gebrauchsanweisung

No Meat oder Low Meat?

Mit oder ohne Fleisch und Fisch – das ist in diesem Buch gar nicht die Frage, denn die meisten Rezepte lassen sich sowohl mit als auch ohne zubereiten. Aber immer spielt das Gemüse die Hauptrolle: Unsere **No-Meat-Rezepte** sind vegetarisch, die **Low-Meat-Rezepte** werden mit wenig Fleisch oder Fisch zubereitet. Wer auch darauf lieber verzichten will, findet bei den Low-Meat-Rezepten eine vegetarische Alternative, gekennzeichnet durch **- MEAT**. Vegane Zubereitungen sind nicht extra hervorgehoben, aber wer sich ein bisschen damit auskennt, kann leicht Vegetarisches in Veganes verwandeln, also Kuhmilch durch pflanzliche Alternativen ersetzen etc. Der Zusatz **+ MEAT** dagegen liefert passende Ideen für alle, die gerade Lust auf ein handfestes Schnitzel, feinen Fisch oder eine »Extrawurst« haben.

Was ist Fake Meat?

Die **Fake-Meat-Rezepte** gefallen uns besonders gut, weil sie ganz locker und augenzwinkernd mit dem Thema »Vegetarisch« spielen. Wie witzig sich Gemüse als Fleisch tarnen kann, zeigen beispielsweise der Blumenkohl-Döner oder der Burger mit Jackfruit: Die exotische Trendfrucht zerfasert wie klein gezupftes Schweinefleisch (»Pulled Pork«). Oder der gegrillte Rotkohl mit rauchigem Bier-Aroma (statt des »Beercan-Chickens«) – ein echter Spaß für's nächste Grillfest!

Warum sind die Rezepte oft so lang?

Weil wir Gemüse als vollständige, sättigende Gerichte mit Extra-Pfiff lieben: Das Besondere kann eine ungewöhnliche Art der Zubereitung sein, ein spezielles Topping, ein zusätzlicher Dip, etwas Raffiniertes zum Darüberstreuen oder Dazuessen. Deshalb sind auch **alle Rezepte in einzelne Bestandteile unterteilt**: So kann man ganz einfach eine Komponente weglassen, wenn's weniger aufwendig sein soll, schneller gehen muss oder man etwas Bestimmtes nicht mag. Umgekehrt lassen sich die einzelnen Rezeptbestandteile auch nach eigenem Gusto neu kombinieren – damit Sie sich ganz leicht Ihre persönlichen Lieblingsgerichte zusammenstellen können.

Individuelle Kombi-Gerichte

Wir haben zusätzlich einige »Bauanleitungen« für Kombi-Gerichte zusammengestellt, z. B. für Bowls, Ramen oder Süßkartoffel-Toasts – mit den unterschiedlichsten Auflagen und Einlagen. Diese variantenreichen Rezepte zeigen, wie Gemüsegerichte heute funktionieren: mit einzelnen, perfekt aufeinander abgestimmten Gemüse-Zubereitungen. Diese Bestandteile können Sie auf vielfältige und individuelle Weise zusammenstellen. Und damit Sie noch ein bisschen mehr »bauen« können, gibt es zusätzlich die ein oder andere Seite mit Baumaterial in Form von unkomplizierten, flinken **Mini-Gemüse-Rezepten**.

AUF DIE HAND
IN DEN MUND

Burger, Sandwiches, Puffer,
Waffeln & Snacks

MÖHREN-SMOOTHIE-BOWL

FÜR 2 PERSONEN
ZUBEREITUNGSZEIT: *15 Min.*
PRO PORTION: *ca. 310 kcal,*
7 g E, 15 g F, 37 g KH

2 Möhren (ca. 200 g)
1 große reife Banane
125 g TK-Mango in Stücken
3 EL Haferflocken
1 TL Zimtpulver
2 EL ungesüßtes helles
  Mandelmus
2 TL Zitronensaft
1 TL Agavendicksaft
1 TL Mandelblättchen

1 Die Möhren mit einer Gemüsebürste unter fließendem Wasser gründlich waschen, putzen und einen Teil für die Garnitur klein raspeln (ca. 2 EL). Übrige Möhren in grobe Stücke schneiden und in einen Hochleistungsmixer füllen. Banane schälen und direkt in den Mixer in Stücke schneiden.

2 Die gefrorenen Mangostücke, die Haferflocken und den Zimt ebenfalls in den Mixer geben und alles fein pürieren. Den Smoothie auf zwei Müslischalen verteilen.

3 Das Mandelmus mit dem Zitronensaft und dem Agavendicksaft glatt rühren. Eine kleine Pfanne erhitzen und die Mandelblättchen darin ohne Fett leicht anrösten. Die Mandelmus-Creme, die Möhrenraspel und die Mandelblättchen auf der Bowl anrichten und servieren.

TIPPS

Durch gefrorene Früchte wird die Smoothie-Bowl besonders cremig. Anstatt der TK-Mango können Sie auch selbst eine frische Mango einfrieren: dazu das Fruchtfleisch von ½ Mango vom Stein schneiden (ca. 125 g), schälen und klein würfeln. Auf einem Teller flach verteilen und ca. 1 Std. ins Tiefkühlfach stellen – fertig. Dekorieren Sie die Bowl nach Lust und Laune: je vielfältiger und bunter, desto besser. Als Topping passen frische Früchte wie Beeren, filetierte Orangen und Bananenscheiben. Oder Trockenfrüchte wie Rosinen, Cranberrys, Goji-Beeren, Aprikosen. Und wie wär's mit Chia- oder Leinsamen als Gesundheitsplus? Besonders hübsch wird die Bowl, wenn Sie die Toppings getrennt nach Sorten und Farben darauf verteilen oder sogar einfache Muster mit den einzelnen Zutaten legen – fast zu schön zum Aufessen.

AUSTAUSCH-BAR:

Statt der TK-Mango passen auch gefrorene Himbeeren, Heidelbeeren oder eine TK-Beerenmischung.

NO MEAT

SÜSSKARTOFFEL-TOASTS

SÜSSKARTOFFEL-TOASTS PUR	1
MIT ERDNUSSBUTTER, BANANEN-SCHEIBEN UND SCHOKORASPELN	2
MIT QUARK, ERDBEEREN UND MINZE	3
MIT SHAVED AVOCADO UND ROTE-BETE-CREME *siehe S. 15*	4
MIT GEDÜNSTETEM SPINAT, FETA UND RÖSTKÜRBIS-CREME *siehe S. 15*	5
MIT EISCHEIBEN, KERBEL UND ERBSENCREME *siehe S. 25*	6

MEHR NÄHRSTOFFE, WENIGER KALORIEN UND KOHLENHYDRATE, KEIN GLUTEN UND VIELE VERSCHIEDENE MÖGLICHKEITEN ZUM BELEGEN: SÜSSKARTOFFELSCHEIBEN STATT TOASTBROT LIEFERN ALS FRÜHSTÜCK, ABENDBROT ODER ALS SCHNELLER SNACK JEDE MENGE VEGGIE-POWER. DARAUF EINEN TOAST!

So wird die Knolle zum Toast

Pro Portion ½ bis 1 Süßkartoffel mit einer Gemüsebürste unter fließendem Wasser gründlich waschen. Sorgfältig trocken tupfen und in ca. 0,5 cm dicke Scheiben schneiden. Die Scheiben in einen Toaster stecken und auf höchster Stufe in zwei bis drei Durchgängen toasten. Sie sind gut, wenn die Ränder leicht knusprig sind und das Innere weich ist.

Längs oder quer?

In welcher Richtung Sie die Knollen schneiden, ergibt sich aus der Form: längliche Knollen der Länge nach in schmale, längliche Scheiben schneiden, rundere und knubbligere Knollen besser quer in runde Scheiben schneiden.

Quick and easy belegen

Lassen Sie Ihrer Fantasie freien Lauf und belegen Sie die Gemüse-Toasts nach Lust, Laune und aktuellem Vorrat. Sie schmecken sowohl mit süßen als auch mit herzhaften Belägen und Aufstrichen. Leckere Kombinationen sind z. B. Erdnuss-mus und Bananenscheiben, Quark mit Beeren und etwas Honig, Frischkäse mit Tomaten und Basilikum, shaved oder smashed Avocado mit gekochtem Ei oder gedünsteter Spinat mit Feta. Und, was ist Ihr Lieblings-Topping?

Richtig angeschmiert

Mit den bunten Gemüse-Aufstrichen von S. 14/15 kommt jede Menge Pep auf den Toast und unter den Belag – und noch mehr Gemüse-Power! Die Aufstriche lassen sich gut vorbereiten und warten dann im Kühlschrank auf ihren Einsatz als Süßkartoffel-Veredler (zur Haltbarkeit der einzelnen Gemüse-Aufstriche: siehe Rezepte).

ARTISCHOCKEN-STREICH

FÜR 2 PORTIONEN (8 SÜSSKARTOFFEL-TOASTS AUS 2 SÜSSKARTOFFELN)
ZUBEREITUNGSZEIT: *10 Min.*
PRO PORTION: *ca. 80 kcal, 2 g E, 4 g F, 9 g KH*

1 Glas Artischockenherzen in Öl (120 g Abtropfgewicht)
½ Bio-Zitrone
1 EL Crème fraîche
1 TL Honig
Salz
Pfeffer
2 TL kleine Kapern
2 EL gehackte Petersilie

1 Die Artischockenherzen abgießen und gut
abtropfen lassen, dann in einen hohen Rührbecher
oder Mixer füllen. Zitrone heiß waschen, trocken
tupfen, 1 TL Schale fein abreiben und zu den
Artischocken geben. Die Zitrone auspressen und
1 TL Saft in den Rührbecher (oder Mixer) geben.

2 Crème fraîche und Honig hinzufügen und alles
fein pürieren. Ist die Creme zu fest, noch etwas
Crème fraîche untermischen. Den Aufstrich mit
Salz und Pfeffer abschmecken. Die Kapern abtrop-
fen lassen und mit der Petersilie untermengen. Der
Aufstrich ist im Kühlschrank ca. 5 Tage haltbar.

PAPRIKA-AUFSTRICH

FÜR 2 PORTIONEN (8 SÜSSKARTOFFEL-TOASTS AUS 2 SÜSSKARTOFFELN)
EINWEICHZEIT: *12 Std.*
ZUBEREITUNGSZEIT: *25 Min.*
PRO PORTION: *ca. 180 kcal, 5 g E, 13 g F, 10 g KH*

50 g Cashewkerne
2 rote Spitzpaprika
¼ TL gemahlener Kreuzkümmel
¼ TL edelsüßes Paprikapulver
1 TL Olivenöl
Salz
Pfeffer

1 Die Cashewkerne in einer Schüssel mit reichlich
Wasser bedecken und über Nacht einweichen lassen.
Dann abgießen und gut abtropfen lassen.

2 Den Backofen auf 220° vorheizen. Ein Backblech
mit Backpapier auslegen. Die Paprikaschoten halbieren und putzen, dabei weiße Trennwände und Kerne
entfernen, dann die Hälften waschen und trocken
tupfen. Die Paprikahälften mit der gewölbten Seite
nach oben auf das Backblech legen. Den Backofengrill zuschalten und die Paprika im heißen Backofen
(oben) 10–12 Min. grillen, bis die Haut dunkel wird
und schwarze Blasen wirft.

3 Die Paprika herausnehmen, mit einem sauberen,
feuchten Geschirrtuch abdecken und kurz abkühlen lassen. Dann die Paprikahaut mit einem spitzen
Messer abziehen und die Schoten grob würfeln. Die
Paprika mit den Cashewkernen, Kreuzkümmel, Paprikapulver und dem Olivenöl in einen Blitzhacker
oder Mixer geben und cremig pürieren. Mit Salz und
Pfeffer abschmecken. Der Paprika-Aufstrich ist im
Kühlschrank ca. 5 Tage haltbar.

ROTE-BETE-CREME

FÜR 2 PORTIONEN (8 SÜSSKARTOFFEL-TOASTS AUS 2 SÜSSKARTOFFELN)
ZUBEREITUNGSZEIT: *1 Std. 10 Min.*
PRO PORTION: *ca. 160 kcal, 3 g E, 11 g F, 12 g KH*

2 Rote Bete (ca. 220 g)
½ Bio-Orange
1 EL dunkles Mandelmus
1 EL Olivenöl
gemahlener Piment
Salz

1 Den Backofen auf 220° vorheizen. Rote Bete unter fließendem Wasser abbürsten, trocken tupfen und einzeln in Alufolie wickeln. Auf den Backofenrost legen und im heißen Ofen (Mitte) ca. 55 Min. backen. Dann aus der Folie wickeln und kurz abkühlen lassen. Die Schale abziehen und das Fruchtfleisch grob würfeln (dabei am besten Einmalhandschuhe verwenden, da Rote Bete stark abfärbt).

2 Orange heiß waschen, trocken tupfen und die Schale fein abreiben. Den Saft auspressen und 2 EL Orangensaft mit der Roten Bete, Mandelmus und Olivenöl in einen hohen Rührbecher oder Mixer geben und fein pürieren. Die Creme mit 1 Msp. Piment, Salz und dem Orangenabrieb abschmecken. Der Aufstrich bleibt gekühlt ca. 5 Tage frisch.

TIPP:

Die Gemüseaufstriche schmecken auch als Dips für die Bowls von S. 98 und S. 148. Sie passen zu den Topinambur-Waffeln von S. 44 und machen die Burger von S. 28 und S. 30 schön saftig. Auch die Gemüserezepte von Seite 146/147 ergänzen sie perfekt.

RÖSTKÜRBIS-CREME

FÜR 2 PORTIONEN (8 SÜSSKARTOFFEL-TOASTS AUS 2 SÜSSKARTOFFELN)
ZUBEREITUNGSZEIT: *40 Min.*
PRO PORTION: *ca. 125 kcal, 2 g E, 6 g F, 19 g KH*

¼ Hokkaido-Kürbis (ca. 250 g)
1 EL Öl
1 TL Ahornsirup
2 EL Zitronensaft
½ TL Harissa (scharfe Würzpaste)
Salz

1 Den Backofen auf 220° vorheizen. Den Kürbis waschen, entkernen und mitsamt Schale in grobe Stücke schneiden. Auf ein mit Backpapier ausgelegtes Backblech legen, das Öl darüberträufeln und im heißen Ofen (Mitte) ca. 25 Min. backen.

2 Den Kürbis herausnehmen und etwas abkühlen lassen. Mit 50 ml Wasser, Ahornsirup, Zitronensaft und Harissa in einen hohen Rührbecher oder Mixer geben und alles fein pürieren. Die Röstkürbis-Creme mit Salz und je nach gewünschter Schärfe auch mit mehr Harissa abschmecken. Im Kühlschrank ist die Creme ca. 5 Tage haltbar.

FÜR 4 STÜCK
ZUBEREITUNGSZEIT: *45 Min.*
GARZEIT: *35 Min.*
PRO STÜCK: *ca. 535 kcal,*
9 g E, 36 g F, 43 g KH

FÜR DIE SELLERIE-REMOULADE:
250 g Knollensellerie
1 kleiner Apfel
1 EL Zitronensaft
1 Stange Staudensellerie mit Grün
4 EL Mayonnaise
2 ½ EL Crème fraîche
1 EL Weißweinessig
Salz
Pfeffer

FÜR DIE MÖHREN:
8 schlanke Möhren (ca. 400 g)
1 Knoblauchzehe
4 EL Orangensaft
½ TL edelsüßes Paprikapulver
½ TL gemahlener Koriander
¾ TL gemahlener Kreuzkümmel
3 EL Olivenöl
1 TL Honig
Salz
Pfeffer

AUSSERDEM:
8 große Blätter Kopfsalat
1 Frühlingszwiebel
2 EL Walnusskerne
4 Hotdog-Brötchen (Fertigprodukt)

MÖHREN-HOTDOGS MIT SELLERIE-REMOULADE

FAKE MEAT!

HIER WIRD JA DER HUND IN DER PFANNE VERRÜCKT,
WENN DIE MÖHRE INS HOTDOG-BRÖTCHEN WANDERT!
PECH GEHABT, DOGGY, ABER RICHTIG GUT GEWÜRZT
UND MIT LECKERER SELLERIE-REMOULADE GEKRÖNT,
VERMISST AUSSER DIR HIER KEINER DAS WÜRSTCHEN.

AUSTAUSCH-BAR:

*Zu den würzigen Möhren
passt (ohne Brötchen) auch ein
Salat und ein einfacher, leicht
gesalzener Joghurt als Dip.*

1 Für die Sellerie-Remoulade Sellerie putzen, schälen und fein raspeln. Apfel waschen, vierteln, Kerngehäuse entfernen, die Viertel grob raspeln und gleich mit Sellerieraspeln und Zitronensaft vermischen. Staudensellerie waschen, putzen, das Grün beiseitelegen und die Stange längs vierteln. Viertel klein würfeln, mit Mayonnaise, Crème fraîche und Essig verrühren, salzen und pfeffern. Die Sellerie-Apfel-Mischung untermengen. Die Remoulade kühl stellen und durchziehen lassen.

2 Für die Möhren die Möhren mit einer Gemüsebürste unter fließendem Wasser gründlich waschen, putzen und dabei nach Belieben jeweils ca. 5 cm Möhrengrün zur Dekoration an den Möhren belassen. Den Knoblauch schälen, in ein Schälchen pressen und darin mit Orangensaft, 4 EL Wasser, Paprikapulver, Koriander und Kreuzkümmel verrühren. Das Öl in einer beschichteten, möglichst kleinen Pfanne (gerade so groß, dass die Möhren nebeneinander hineinpassen) stark erhitzen. Die Möhren darin 3–4 Min. rundum anbraten und bräunen lassen.

3 Die Knoblauch-Gewürz-Mischung zu den Möhren gießen, Honig einrühren, salzen und pfeffern. Die Möhren bei kleiner Hitze 30–35 Min. zugedeckt garen, dabei immer wieder wenden und bei Bedarf wenig Wasser zugießen. Die Möhren sollten am Ende gar, aber nicht zu weich und mit einer Gewürzschicht überzogen sein, die Bratflüssigkeit sollte verdunstet sein.

4 Inzwischen Salatblätter waschen und trocken tupfen. Von der Frühlingszwiebel die Wurzelansätze und die welken grünen Teile abschneiden. Frühlingszwiebel waschen, trocken tupfen und samt Grün in feine Ringe schneiden. Einen kleinen Teil davon für die Garnitur beiseitelegen. Selleriegrün fein schneiden, mit der Frühlingszwiebel unter die Remoulade heben. Nochmals mit Salz, Pfeffer und evtl. Essig abschmecken. Walnusskerne grob hacken.

5 Die Hotdog-Brötchen nach Packungsanweisung aufbacken. Jeweils auf einer Längsseite aufschneiden, sodass sie auf der anderen Seite noch zusammenhalten. Je 2 Salatblätter der Länge nach in die Brötchen legen. Darauf je 2 Möhren geben und reichlich Remoulade darauf verteilen. Mit Walnüssen und den übrigen Frühlingszwiebelringen bestreuen und die Hotdogs gleich servieren.

SALAT-TACOS MIT ELOTES

FÜR 2 PERSONEN
ZUBEREITUNGSZEIT: *55 Min.*
PRO PORTION: *ca. 770 kcal,*
35 g E, 38 g F, 70 g KH

FÜR DIE SALAT-TACOS:
2 Römersalatherzen
1 kleine rote Zwiebel
1 rote Paprika
2 Tomaten
1 kleine Dose Kidneybohnen
    (125 g Abtropfgewicht)
1 EL Öl
150 g Rinderhackfleisch
Salz
Pfeffer
¼ TL gemahlener Kreuzkümmel
1 Msp. Chilipulver
1 kleine reife Avocado
1 TL Limettensaft

FÜR DIE ELOTES:
2 frische Maiskolben mit
    Hüllblättern
1 EL Mayonnaise
1 geh. EL Sour Cream (ersatz-
    weise Schmand)
Salz
1 EL gehacktes Koriandergrün
15 g Parmesan
¼ TL Chilipulver
½ Limette (ersatzweise
    ½ Zitrone)

1 Den Backofen auf 225° vorheizen. Für die Elotes die Hüllblätter vorsichtig von den Maiskolben lösen, am Ansatz umbiegen und am unteren Ende der Kolben jeweils zu einem »Griff« zusammendrehen. Maiskolben auf dem Backofenrost im heißen Ofen (Mitte) ca. 45 Min. backen. Inzwischen Mayonnaise und Sour Cream glatt rühren, salzen und Koriander untermengen. Parmesan fein reiben, mit dem Chilipulver mischen und beiseitestellen.

2 Für die Salat-Tacos den Salat putzen, in einzelne Blätter teilen, waschen und trocken schleudern. Die Zwiebel schälen, fein würfeln. Paprika halbieren und putzen, dabei weiße Trennwände und Kerne entfernen. Paprikahälften waschen, klein würfeln. Tomaten waschen, trocken tupfen und klein würfeln, dabei Stielansätze entfernen. Kidneybohnen in ein Sieb abgießen, kalt abspülen und abtropfen lassen. Öl in einer beschichteten Pfanne erhitzen. Hackfleisch darin bei großer Hitze unter Rühren krümelig braten, salzen und pfeffern. Zwiebel und Paprika zugeben und unter Rühren bei mittlerer Hitze ca. 5 Min. braten. Tomaten und Bohnen zugeben und alles unter gelegentlichem Rühren ca. 5 Min. köcheln lassen. Mit Salz, Pfeffer, Kreuzkümmel und Chilipulver abschmecken.

3 Avocado halbieren, den Kern entfernen. Fruchtfleisch aus der Schale lösen, mit Limettensaft beträufeln und mit einer Gabel zerdrücken. Mit Salz abschmecken. Salatblätter mit je 1 geh. EL Hackfleisch-Mischung füllen und auf einer Servierplatte oder auf Tellern anrichten. Je einen Klecks Avocado-creme daraufgeben. Die heißen Maiskolben rundherum mit Sour-Cream-Sauce einpinseln, mit der Parmesan-Chili-Mischung bestreuen. Limette heiß waschen, trocken tupfen, vierteln und die Limettenspalten zu den Elotes servieren. Diese vor dem Essen mit Limettensaft beträufeln.

INFO

Elotes sind in Mexiko ein beliebtes Streetfood: Die würzigen, gegrillten oder gebackenen Maiskolben werden dort an jeder Straßenecke verkauft und unterwegs von der Hand in den Mund gegessen – vergleichbar mit dem amerikanischen Hotdog oder unserer Bratwurst.

- MEAT

Anstelle des Hackfleischs eine große Dose Kidneybohnen verwenden – schon sind die Tacos vegan. Für vegane Elotes den Parmesan weglassen, Mayonnaise und Sour Cream durch vegane Alternativen ersetzen.

AUF DIE HAND IN DEN MUND

FÜR 4 STÜCK
ZUBEREITUNGSZEIT: *40 Min.*
RUHEZEIT: *4 Std.*
GARZEIT: *40 Min.*
PRO PORTION: *ca. 780 kcal,*
22 g E, 33 g F, 97 g KH

FÜR DEN COLESLAW:
180 g junger Weißkohl (ersatzweise
Spitzkohl)
Salz
1 kleine Möhre
1 ½ EL Salatmayonnaise
3 EL Sahne
1 EL Weißweinessig
Pfeffer

FÜR DIE LINSEN-MÖHREN-
MISCHUNG:
70 g Le-Puy-Linsen (ersatzweise
Berglinsen)
1 dicke Möhre (ca. 200 g)
1 kleine Zwiebel
1 Knoblauchzehe
2 EL Olivenöl
1 EL Tomatenmark
1 TL Chili-con-carne-Gewürz-
mischung
4 EL (smoked) Barbecuesauce
Salz

AUSSERDEM:
4 Hotdog-Brötchen (Fertigprodukt)
5 Blätter Radicchio
⅓ Bund Koriandergrün

SCHWEIN-GEHABT-PULLED-PORK-SANDWICHES

FAKE MEAT!

1 Für den Coleslaw äußere Blätter vom Weißkohl entfernen. Kohl waschen, trocken tupfen, vom Strunk befreien und in feine Streifen schneiden oder hobeln. In einer Schüssel mit 1 Prise Salz kräftig durchkneten, bis er weich ist und glänzt. Möhre waschen, putzen, grob raspeln, zum Kohl geben. Mayonnaise mit Sahne und Essig verrühren, mit dem Salat vermischen, salzen und pfeffern. Zugedeckt im Kühlschrank 3–4 Std. ziehen lassen.

2 Für die Linsen-Möhren-Mischung die Linsen in einem Sieb kalt abspülen, in einem Topf mit 400 ml Wasser aufkochen und nach Packungsanweisung ca. 20 Min. zugedeckt bei mittlerer Hitze weich garen. Inzwischen Möhre waschen, putzen und grob raspeln. Zwiebel und Knoblauch schälen, fein würfeln. Linsen abgießen und abtropfen lassen, dabei das Kochwasser auffangen.

3 Das Öl in einer beschichteten Pfanne erhitzen. Zwiebel und Knoblauch goldgelb darin andünsten. Die Möhrenraspel unterrühren und bei großer Hitze unter Rühren ca. 2 Min. braten. Tomatenmark untermengen und kurz mitrösten. Mit der Chili-Gewürzmischung bestäuben und mit 125 ml Linsen-Kochwasser ablöschen. Alles offen bei mittlerer Hitze ca. 10 Min. garen, bis die Flüssigkeit fast verdampft ist. Dann Linsen, Barbecuesauce und bei Bedarf zusätzlich 1–3 EL Linsen-Kochwasser unterrühren. Weitergaren, bis die Flüssigkeit aufgesogen ist. Die Konsistenz sollte breiig und nicht zu flüssig sein. Mit Salz abschmecken.

4 Inzwischen die Hotdog-Brötchen nach Packungsanweisung im Backofen aufbacken; nach Belieben im Kontaktgrill kurz bräunen. Radicchio waschen, trocken tupfen und in Streifen schneiden. Koriander waschen, trocken schütteln, Blättchen abzupfen und grob hacken.

5 Die Linsen-Möhren-Mischung mit einer Gabel etwas zermusen. Koriandergrün, bis auf 1 EL, unterrühren. Die Hotdog-Brötchen der Länge nach aufschneiden. Jeweils auf der unteren Brötchenhälfte ein Viertel Radicchio verteilen, dann ein Viertel der Linsen-Möhren-Mischung daraufgeben. Darüber je ein Viertel Coleslaw verteilen. Mit dem Koriandergrün bestreuen. Die Brötchendeckel auflegen und die Sandwiches gleich servieren.

MISS PIGGY UND IHRE FREUNDE KÖNNEN AUFATMEN: BEI DIESEM SANDWICH KOMMEN WIR GANZ OHNE SCHWEIN AUS. STATTDESSEN SORGT EIN WÜRZIGES LINSENGEMÜSE FÜR DEN EXTRA-GESCHMACKSKICK!

SAUERKRAUT-QUESADILLAS

CROSSOVER-KÜCHE

FÜR 2 PERSONEN
ZUBEREITUNGSZEIT: *45 Min.*
PRO PORTION: *ca. 600 kcal,*
25 g E, 27 g F, 59 g KH

1 kleine rote Spitzpaprika
2 Frühlingszwiebeln
½ Bund glatte Petersilie
250 g frisches Sauerkraut
1 EL Öl
Salz
Pfeffer
1 TL geräuchertes Paprikapulver
2 EL Doppelrahm-Frischkäse
4 Tortillas (Weizenfladen,
*   160 g)*
100 g Emmentaler
Chilisauce (nach Belieben)

1   Die Paprika halbieren und putzen, dabei weiße Trennwände und Kerne entfernen. Die Paprikahälften waschen und in kleine Würfel schneiden. Von den Frühlingszwiebeln die Wurzelansätze und die welken grünen Teile abschneiden. Die Frühlingszwiebeln waschen und in feine Ringe schneiden. Die Petersilie waschen, trocken schütteln, Blätter abzupfen und fein hacken. Das Sauerkraut in ein Sieb abgießen und abtropfen lassen. Mit den Händen gut ausdrücken, sodass es möglichst viel Flüssigkeit abgibt.

2   Das Öl in einer beschichteten Pfanne erhitzen. Die Paprika und die Frühlingszwiebeln unter Rühren ca. 5 Min. darin andünsten. Mit Salz, Pfeffer und Paprikapulver würzen. Sauerkraut untermischen und ca. 5 Min. unter Rühren andünsten. Dann alles in eine Schüssel füllen und etwas abkühlen lassen. Den Frischkäse und die Petersilie untermischen, nochmals mit Salz, Pfeffer und Paprikapulver abschmecken. Die Pfanne säubern.

3   Die Sauerkraut-Mischung auf 2 Tortillas verteilen. Den Emmentaler grob raspeln und auf die beiden belegten Tortillas streuen. Dann die belegten Tortillas jeweils mit einem zweiten Tortilla bedecken. Eine Quesadilla in die Pfanne legen und mit einem schweren Topf beschweren, erhitzen und bei mittlerer Hitze in 3–4 Min. goldbraun backen. Die Quesadilla wenden, wieder beschweren und in weiteren 2–3 Min. fertig backen. Die übrige Quesadilla auf die gleiche Weise zubereiten. Zum Servieren die Quesadillas in Achtel oder Viertel schneiden und nach Belieben mit Chilisauce beträufeln. Dazu schmeckt grüner Salat.

+ MEAT

Für eine extrawürzige Variante 75 g Chorizo (scharfe spanische Paprikawurst) in kleine Würfel schneiden und vor dem Gemüse im Öl anbraten.

AUBERGINEN-SANDWICHES MIT ERBSENCREME

LOW CARB

**FÜR 2 PORTIONEN
(4 SANDWICHES)**
ZUBEREITUNGSZEIT: *25 Min.*
PRO PORTION: *ca. 260 kcal,*
13 g E, 15 g F, 15 g KH

FÜR DIE SANDWICHES:
1 große Aubergine
Salz
8 getrocknete Tomaten (in Öl)
1 kleiner Zucchino
50 g Rucola
*3 EL gemischte Sprossen (z. B.
   Alfalfa-, Radieschen- und
   Linsensprossen)*
2 EL Olivenöl

FÜR DIE ERBSENCREME:
150 g TK-Erbsen
1 Frühlingszwiebel
1–2 Stängel Minze
1 geh. EL Ziegenfrischkäse
1 TL Zitronensaft
Salz
Pfeffer

1 **Für die Sandwiches** die Aubergine waschen, trocken tupfen, den Stielansatz entfernen und die Aubergine der Länge nach in ca. acht Scheiben (à ca. 0,5 cm Dicke) schneiden. Die Auberginenscheiben auf ein Küchenbrett legen, mit Salz bestreuen und ca. 10 Min. ruhen lassen.

2 **Inzwischen für die Erbsencreme** die Erbsen in einer Schüssel mit kochendem Wasser übergießen und ca. 5 Min. ziehen lassen. Von der Frühlingszwiebel die Wurzelansätze und die welken grünen Teile abschneiden. Die Frühlingszwiebel waschen, trocken tupfen und in feine Ringe schneiden. Die Minze waschen, trocken schütteln, Blättchen abzupfen und fein hacken. Die Erbsen in ein Sieb abgießen und gut abtropfen lassen. Mit Ziegenfrischkäse und Zitronensaft fein pürieren. Mit Salz und Pfeffer abschmecken, Frühlingszwiebel und Minze unterheben.

3 **Die getrockneten Tomaten** auf Küchenpapier legen und gut abtropfen lassen. Zucchino waschen, putzen, trocken tupfen und mit einem Sparschäler der Länge nach in Streifen schneiden. Rucola und Sprossen getrennt voneinander in einem Sieb kalt abbrausen, abtropfen lassen und trocken tupfen.

4 **Die Auberginenscheiben** mit einem Küchenpapier trocken tupfen und jeweils von beiden Seiten mit Olivenöl einpinseln. Eine Grillpfanne erhitzen und die Auberginen darin pro Seite 3–4 Min. bei großer Hitze anbraten.

5 **Vier Auberginenscheiben** mit gut der Hälfte der Erbsencreme bestreichen. Den Rucola, die getrockneten Tomaten und die Zucchinistreifen darauf verteilen. Nach Belieben je einen Klecks Erbsencreme daraufgeben. Die Sprossen darauf verteilen. Mit jeweils einer zweiten Auberginenscheibe bedecken. Die übrige Erbsencreme extra zu den Sandwiches servieren.

TIPPS

Die Erbsencreme und der Gemüsebelag schmecken auch in einem normalen Brötchen. Für den großen Hunger können Sie zusätzlich zu den Auberginen noch zwei Brotscheiben mit einbauen. Die Erbsencreme passt auch als Aufstrich für die Süßkartoffel-Toasts (siehe S. 12) und schmeckt als Dip, z. B. zu den Zucchini-Halloumi-Puffern (siehe S. 42).

FÜR 2 PERSONEN
ZUBEREITUNGSZEIT: *50 Min.*
RUHEZEIT: *1 Std. 20 Min.*
PRO PORTION: *ca. 810 kcal,*
22 g E, 21 g F, 128 g KH

FÜR DIE BAO-BUNS:
280 g Mehl
5 TL Zucker
1 Pck. Trockenhefe (7 g)
1 TL Backpulver
Salz
2 EL Sonnenblumenöl

FÜR DIE PULLED JACKFRUIT:
1 Dose unreife Jackfruit in Salzlake
    (280 g Abtropfgewicht; Bio- oder
    Asienladen)
1 kleine Zwiebel
2 Knoblauchzehen
1 Stück Ingwer (ca. 2 cm lang)
1 EL Öl
½ TL Fünf-Gewürze-Pulver
2 TL Sojasauce
1 TL Reisessig
1 EL Hoisinsauce (Asienladen)
1 TL Ahornsirup

ZUM ANRICHTEN:
1 rote Chilischote
2 Frühlingszwiebeln
¼ Salatgurke
1 Möhre
einige Streifen Rotkohl (nach
    Belieben)
½ Bund gehacktes Koriandergrün
1 EL geröstete gehackte Erdnuss-
    kerne

BAO-BUNS MIT PULLED JACKFRUIT UND BUNTEM GEMÜSE

FAKE MEAT!

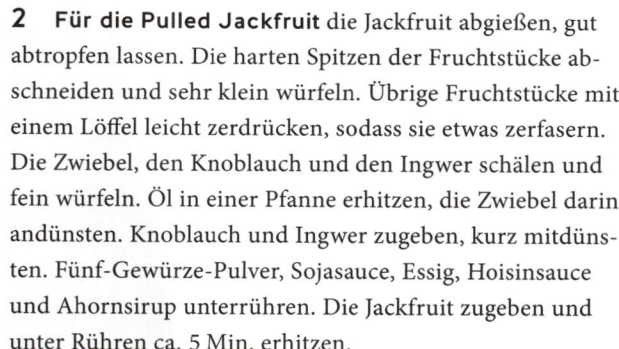

1 Für die Bao-Buns 2 geh. EL Mehl mit ½ TL Zucker, Trockenhefe und 50 ml lauwarmem Wasser verrühren. Zugedeckt an einem warmen Ort ca. 20 Min. gehen lassen. Übriges Mehl und übrigen Zucker, Backpulver und 1 Prise Salz in einer Rührschüssel vermischen. Den gegangenen Hefeansatz, 125 ml lauwarmes Wasser und Öl zugeben und mit den Knethaken des Handrührgeräts auf kleinster Stufe vermengen. Weitere 4–5 Min. auf höchster Stufe durchkneten, bei Bedarf noch wenig Wasser oder Mehl zugeben. Teig zu einer Kugel formen, in der Schüssel mit einem feuchten Geschirrtuch abdecken. An einem warmen Ort ca. 30 Min. gehen lassen.

2 Für die Pulled Jackfruit die Jackfruit abgießen, gut abtropfen lassen. Die harten Spitzen der Fruchtstücke abschneiden und sehr klein würfeln. Übrige Fruchtstücke mit einem Löffel leicht zerdrücken, sodass sie etwas zerfasern. Die Zwiebel, den Knoblauch und den Ingwer schälen und fein würfeln. Öl in einer Pfanne erhitzen, die Zwiebel darin andünsten. Knoblauch und Ingwer zugeben, kurz mitdünsten. Fünf-Gewürze-Pulver, Sojasauce, Essig, Hoisinsauce und Ahornsirup unterrühren. Die Jackfruit zugeben und unter Rühren ca. 5 Min. erhitzen.

3 Vier ca. 10 × 10 cm große Quadrate aus Backpapier zuschneiden, diese mehrfach einstechen und nebeneinander in einen Dämpfeinsatz legen. Den Teig kurz durchkneten, vierteln, zu vier Kugeln formen und diese auf jeweils ein Backpapier-Quadrat legen. Mit dem feuchten Geschirrtuch abdecken und weitere 30 Min. an einem warmen Ort gehen lassen. Einen passenden Topf ca. 3 cm hoch (je nach Größe) mit Wasser füllen, Dämpfeinsatz in den Topf geben und das Wasser zum Kochen bringen. Die Teigkugeln zugedeckt bei mittlerer Hitze ca. 15 Min. dämpfen (Deckel nicht öffnen!). Vom Herd nehmen und ca. 5 Min. zugedeckt im Topf ruhen lassen. Buns herausnehmen und abkühlen lassen.

4 Zum Anrichten Chili und Frühlingszwiebeln waschen, putzen und in feine Ringe schneiden. Die Gurke waschen, putzen und in feine Längsstreifen hobeln. Möhre waschen, putzen und in schmale Stifte schneiden. Dann die Jackfruit-Mischung unter Rühren kurz erhitzen. Die Buns waagerecht auf-, aber nicht ganz durchschneiden. Mit der Jackfruit-Mischung füllen und üppig mit dem vorbereiteten Gemüse belegen. Mit Koriandergrün und Erdnüssen bestreuen.

TÄUSCHEND ECHT ZERFASERT DIE EXOTISCHE JACKFRUIT WIE PULLED PORK (KLEIN GEZUPFTES SCHWEINEFLEISCH) – DAS VEGETARISCHE TRENDFOOD IST ABER VIEL SCHNELLER FERTIG ALS DAS ORIGINAL UND SCHMECKT MINDESTENS GENAUSO GUT ZWISCHEN DEN SOFTEN BRÖTCHEN, GETOPPT MIT KNACKIGEM GEMÜSE.

PORTOBELLO-BURGER

MIT XXL-PILZEN

FÜR 2 PERSONEN
ZUBEREITUNGSZEIT: *40 Min.*
PRO PORTION: *ca. 635 kcal,*
37 g E, 51 g F, 6 g KH

500 g Portobellopilze (mind.
   5 Stück, ersatzweise weiße
   Riesenchampignons)
3 EL Öl
25 g getrocknete Soft-Tomaten
250 g mageres Rinderhackfleisch
Salz
Pfeffer
3 TL Kapern
1 EL Joghurt
2 EL Mayonnaise
1 TL körniger Senf
2 Tomaten
1 kleine rote Zwiebel
1 Handvoll Rucola (ca. 25 g)

1   **Den Backofen** auf 225° vorheizen. Pilze mit einem Küchenpapier sauber abreiben, Stiele herausdrehen. 4 Pilze mit der gewölbten Seite nach unten auf einen mit Alufolie belegten Backofenrost legen. Die Pilze im heißen Ofen (Mitte) ca. 10 Min. backen. Dann herausnehmen und die Flüssigkeit, die sich in den Pilzen gesammelt hat, abgießen. Pilze mit der gewölbten Seite nach oben auf den Rost legen und weitere 10 Min. backen.

2   **Inzwischen übrige Pilze** und Pilzstiele im Blitzhacker zerkleinern. 1 EL Öl in einer beschichteten Pfanne erhitzen. Die zerkleinerten Pilze ca. 5 Min. unter Rühren kräftig darin anbraten. Abkühlen lassen, herausnehmen und die Pfanne säubern. Soft-Tomaten klein würfeln. Das Hackfleisch mit den zerkleinerten Pilzen, den Soft-Tomaten, Salz und Pfeffer verkneten und zu zwei flachen Pattys (Bratlingen) formen. 2 EL Öl in der Pfanne erhitzen und die Pattys darin pro Seite 5–6 Min. braten.

3   **Währenddessen für die Sauce** die Kapern trocken tupfen und klein hacken. Joghurt mit Mayonnaise und Senf glatt rühren. Mit Salz und Pfeffer würzen, die Kapern untermischen. Tomaten waschen, trocken tupfen und in schmale Scheiben schneiden, dabei die Stielansätze entfernen. Zwiebel schälen und in feine Ringe schneiden oder hobeln. Rucola putzen, waschen, trocken schleudern und grobe Stiele entfernen.

4   **Die Pilzköpfe** auf Küchenpapier abtropfen lassen. 2 Pilzköpfe mit der gewölbten Seite nach unten auf eine Arbeitsfläche legen und mit Rucola belegen. Je ein Patty daraufgeben, Tomaten- und Zwiebelscheiben darauf verteilen und mit etwas Sauce beträufeln. Jeweils einen zweiten Pilz als »Deckel« auflegen. Die übrige Sauce zu den Burgern servieren.

- MEAT
Für vegetarische Portobello-Burger: Belegen Sie die fertig gegarten »XXL-Pilzkopfbrötchen« mit den Rote-Bete-Pattys von S. 30.

LOW MEAT

VEGGIE-BURGER MIT NUSSCREME

FÜR 2 PORTIONEN
ZUBEREITUNGSZEIT: *40 Min.*
PRO PORTION: *ca. 765 kcal,*
29 g E, 37 g F, 73 g KH

FÜR DIE BURGER:

1 mittelgroße rote Zwiebel
¼ Salatgurke
2 TL Honig
1 EL Weißweinessig
Salz
4 Rote Bete (ca. 350 g)
75 g Scamorza (ersatzweise
*   Räuchertofu)*
60 g zarte Haferflocken
2 EL geschroteter Leinsamen
1 Ei (S)
1 TL Harissa (scharfe
*   Würzpaste)*
Pfeffer
1 EL Öl
1 Römersalatherz
2 Hamburger-Brötchen

FÜR DIE NUSSCREME:

2 EL dunkles Mandelmus
2 EL Joghurt
1 EL Mango-Chutney (mild oder
*   scharf, nach Belieben)*
1 Spritzer Zitronensaft
Salz
Pfeffer

1   Für die Burger die Zwiebel schälen und in dünne Ringe schneiden oder hobeln. Die Gurke schälen und der Länge nach mit einem Sparschäler in dünne Streifen schneiden. Beides getrennt voneinander in Schüsseln geben. Honig und Essig verrühren, mit 1 kräftigen Prise Salz würzen. Jeweils die Hälfte der Honig-Essig-Mischung über die Zwiebel und die Gurke gießen, mit den Händen jeweils 1–2 Min. durchkneten. Marinieren lassen.

2   Für die Pattys die Rote Bete schälen und grob raspeln (dabei am besten Einmalhandschuhe verwenden, da Rote Bete stark abfärbt). Scamorza grob raspeln, ersatzweise den Räuchertofu klein würfeln. Mit Haferflocken, Leinsamen, Ei, Harissa, Salz und Pfeffer zur Roten Bete geben und alles gut verkneten. Die Masse zu zwei großen oder vier kleinen Pattys (Bratlingen) formen. Öl in einer beschichteten Pfanne erhitzen. Pattys hineingeben und bei mittlerer Hitze pro Seite ca. 10 Min. braten. Anschließend die Pattys bei starker Hitze von jeder Seite in 1–2 Min. knusprig braten.

3   Inzwischen Salat putzen, in einzelne Blätter teilen, waschen und trocken schleudern. Für die Nusscreme Mandelmus mit Joghurt, Mango-Chutney und Zitronensaft glatt rühren. Mit Salz und Pfeffer abschmecken. Die Hamburger-Brötchen waagerecht aufschneiden und auf dem Toaster rösten.

4   Die Brötchenunterseiten mit etwas Nusscreme bestreichen. Zuerst mit Salat, dann mit den Pattys belegen. Je einen Klecks Nusscreme daraufgeben. Zwiebelringe und Gurkenstreifen gut abtropfen lassen, auf den Burgern verteilen. Brötchenoberteile auflegen und die übrige Nusscreme dazu servieren.

TIPP

Die Rote-Bete-Masse der Pattys ist, zu kleinen Talern geformt und gebraten, eine tolle Ergänzung für Bowls (siehe S. 98 und S. 148). Und sie schmecken auch solo – zusammen mit der Nusscreme und einem Salat.

PINK SAUERKRAUT

FÜR 6 PORTIONEN /
ZUBEREITUNGSZEIT: *20 Min.* **/ RUHEZEIT:** *5 Tage*
PRO PORTION: *ca. 55 kcal, 2 g E, 0 g F, 11 g KH*

Äußere, unschöne Blätter von **1 Weißkohl (ca. 1 kg)** entfernen. Den Kohl waschen, trocken tupfen, vierteln und in feinen Streifen vom Strunk schneiden oder hobeln. In einer großen Schüssel mit **1 EL Salz** bestreuen und ca. 5 Min. kräftig durchkneten.

2 TL Wacholderbeeren in einem Mörser anquetschen. Mit dem Weißkohl vermischen und in ein sauberes **Vorratsglas (ca. 1,2 l Inhalt)** füllen, dabei immer wieder kräftig nach unten drücken.

Das Kraut mit **ca. 400 ml Rote-Bete-Saft** aufgießen, sodass der Saft mind. 1 cm hoch über dem Kohl steht. Das Glas mit einem sauberen Geschirrtuch abdecken und dieses mit einem Gummiring befestigen. Das Kraut 3–5 Tage bei Zimmertemperatur (ca. 20°) stehen lassen, bis Blasen an die Oberfläche steigen. Dabei immer wieder kontrollieren, ob das Kraut noch mit Saft bedeckt ist und bei Bedarf nochmals Rote-Bete-Saft oder Wasser nachfüllen. Dann das Tuch entfernen und das Glas verschließen. Gekühlt ist das Pink Sauerkraut ca. 1 Monat haltbar.

KIMCHI

FÜR 6 PORTIONEN / ZUBEREITUNGSZEIT: *30 Min.* **/**
RUHEZEIT: *5 Std.* **/ FERMENTIEREN:** *3 Tage*
PRO PORTION: *ca. 60 kcal, 4 g E, 1 g F, 9 g KH*

Unschöne Außenblätter von **1 Chinakohl** entfernen, Chinakohl längs halbieren. Die Hälften in eine flache Schale legen und an der Oberfläche und zwischen den Blättern mit **75 g Salz** einreiben. Mit einem Teller oder einem Brett beschweren und mind. 5 Std., am besten über Nacht ziehen lassen.

1 TL Reismehl mit **1 TL braunem Zucker** und **150 ml Wasser** in einem kleinen Topf verrühren. Unter Rühren aufkochen, bis Reismehl und Zucker sich aufgelöst haben. In einen hohen Rührbecher oder Mixer geben und abkühlen lassen. **1 kleine Zwiebel**, **3 Knoblauchzehen** und **1 Stück Ingwer (ca. 3 cm lang)** schälen und grob zerkleinern. Mit **1 TL koreanischer Garnelenpaste** (Asienladen), **3–6 EL Gochugaru** (koreanische Chiliflocken, Asienladen, Menge je nach gewünschtem Schärfegrad) und **5 TL Fischsauce** zur Flüssigkeit in das Rührgefäß geben und zu einer Paste pürieren.

ASIA-PICKLES

FÜR 4 PORTIONEN /
ZUBEREITUNGSZEIT: *20 Min.* **/ RUHEZEIT:** *12 Std.*
PRO PORTION: *ca. 35 kcal, 1 g E, 0 g F, 7 g KH*

Chinakohl kalt abspülen, das Salz dabei entfernen. Den Kohl in ein Sieb geben und vorsichtig etwas ausdrücken. **1 Möhre** waschen, putzen, grob raspeln und unter die Paste mengen. Chinakohl großzügig mit der Paste einreiben, auch zwischen den Blättern. Kohlhälften mitsamt Strunk in ca. 4 cm breite Stücke schneiden und diese in ein sauberes **Vorratsglas (ca. 1,2 l Inhalt)** schichten, dabei immer wieder fest nach unten drücken. **100 ml Wasser** in das Mixgefäß geben und die übrige Paste damit ablösen. Über den Chinakohl gießen, sodass dieser mit Flüssigkeit bedeckt ist.

Das Vorratsglas verschließen und das Kimchi bei Zimmertemperatur (ca. 20°) 3 Tage ruhen lassen. Dabei dreimal täglich vorsichtig öffnen, damit die gebildeten Gärgase entweichen können und das Kimchi regelmäßig probieren: Je länger es fermentiert, desto saurer wird es. Ist der gewünschte Geschmack erreicht, das Kimchi im Kühlschrank aufbewahren. Dort hält es sich ca. 2 Monate, wird dabei aber noch etwas saurer. Das Kimchi zum Servieren mit **geröstetem Sesam** bestreuen.

1 dicke Möhre (ca. 200 g) und **200 g weißen Rettich** mit einer Gemüsebürste unter fließendem Wasser gründlich waschen, dann putzen. Beides entweder mit dem Spiralschneider in dünne Streifen schneiden und diese etwas kürzen oder mit dem Gemüsehobel in feine Streifen (Julienne) hobeln. **1 Stück Ingwer (ca. 3 cm lang)** schälen und klein hacken.

Möhre und Rettich mit dem Ingwer, **2 EL braunem Zucker**, **2 TL Salz**, **6 EL Reisessig** und **1–2 Msp. Chiliflocken** leicht verkneten, bis Saft aus dem Rettich austritt. Dann alles in ein sauberes **Vorratsglas (ca. 1,2 l Inhalt)** füllen, dabei das Gemüse immer wieder fest nach unten drücken. Möglichst 12 Std. (über Nacht) durchziehen lassen.

Die Asia-Pickles sind gekühlt ca. 1 Woche haltbar. Vor dem Servieren nochmals durchmischen und abtropfen lassen.

BÁNH-MÌ MIT ASIA-PICKLES UND KORIANDERMAYO

BÁNH-MÌ	1
KORIANDERMAYO *siehe S. 37*	2
BABY-SPINAT	3
FRISCHER KORIANDER UND MINZE	4
FRÜHLINGSZWIEBELRINGE	5
DÜNNE GURKENSTREIFEN	6
BÁNH MÌ-SCHWEINEFLEISCH *siehe S. 36*	7
ASIA PICKLES *siehe S. 33*	8

DAS IST DER HEISSESTE EXPORT AUS VIETNAM NACH DER KULTSUPPE PHO BO: BÁNH MÌ IST EIN ÜPPIG BELEGTES BAGUETTE MIT VIEL GEMÜSE UND GRÜN. DAS VIETNAMESISCHE SANDWICH AUS DER FRANZÖSISCHEN KOLONIALZEIT HAT INZWISCHEN AUCH DIE TRENDMETROPOLE NEW YORK IM STURM EROBERT.

Wie's funktioniert

Für 2 Portionen die Asia-Pickles (siehe S. 33) am Tag vorher zubereiten und über Nacht durchziehen lassen. Dann die Koriandermayo, das Bánh-mì-Schweinefleisch oder den Tempeh (alle Rezepte siehe S. 36/37) zubereiten und reichlich Grün zum Bestreuen vorbereiten: 1–2 Frühlingszwiebeln putzen, waschen, trocken tupfen und in feine Ringe schneiden, die Blättchen von 2 Stängeln Koriandergrün und 2 Stängeln Minze waschen, trocken schütteln und grob zerzupfen. Dann 1 Handvoll Baby-Spinat putzen, waschen und trocken schleudern. 1 Mini-Gurke waschen, putzen und längs in dünne Streifen hobeln. 2 frische, große Baguettebrötchen nach Belieben knusprig aufbacken und waagerecht aufschneiden.

Belegen

Etwas Koriandermayo auf die beiden unteren Baguettehälften streichen. Darauf jeweils die Hälfte des Spinats und je ein Viertel der Kräuter und der Frühlingszwiebelringe streuen. Dann die Gurkenstreifen darauf verteilen. Mit Fleischstücken oder mit Tempeh belegen, nach Belieben noch etwas von der Mayo daraufgeben und darüber reichlich Pickles häufen. Mit den übrigen Kräutern und Zwiebelringen bestreuen.

AUSTAUSCH-
BAR:

Anstelle von »Do Chua«, den
klassischen Asia-Pickles mit
Möhre, Rettich und Ingwer,
passt auch koreanisches Kimchi
oder pinkfarbenes Sauerkraut
(alle Rezepte siehe S. 32/33).

BÁNH-MÌ-SCHWEINEFLEISCH

FÜR 2 PORTIONEN
ZUBEREITUNGSZEIT: *25 Min.*
MARINIERZEIT: *3 Std.*
PRO PORTION: *ca. 300 kcal,*
21 g E, 22 g F, 5 g KH

2 Schweinenackensteaks
  (à ca. 120 g)
1 Knoblauchzehe
1 rote Chilischote
1 Stängel Zitronengras
2 EL Sojasauce
1 EL Sesamöl
1 TL Weißweinessig
1 TL Honig
Salz
Pfeffer

1   Die Steaks in einen Gefrierbeutel geben. Knoblauch schälen und fein hacken. Chilischote halbieren, Kerne, Stiel und Trennwände entfernen. Die Hälften waschen und möglichst fein hacken. Zitronengras waschen, den oberen Teil und den Strunk wegschneiden, die unteren 10 cm des Stängels längs vierteln und die Viertel fein hacken. Mit Knoblauch, Chilischote, Sojasauce, Sesamöl, Essig und Honig verrühren und die Marinade zum Fleisch geben. Gefrierbeutel verschließen und das Fleisch darin wenden. Mind. 2–3 Std. im Kühlschrank marinieren lassen.

2   Das Fleisch aus dem Kühlschrank nehmen und möglichst Zimmertemperatur annehmen lassen. Eine Grillpfanne oder beschichtete Pfanne erhitzen. Fleisch aus der Marinade nehmen und abtropfen lassen, die Marinade dabei auffangen. Steaks salzen und pfeffern, in die Grillpfanne legen und beidseitig jeweils 3–4 Min. bei großer Hitze braten. Gegen Garzeitende die Marinade zugeben und das Fleisch 2–3 Min. bei kleinerer Hitze darin ziehen lassen. Die Steaks herausnehmen und kurz ruhen lassen. Entweder lauwarm oder abgekühlt für die Sandwiches verwenden. Das Fleisch zum Belegen der Sandwiches in Scheiben schneiden.

- MEAT

Wer die Bánh-mì-Sandwiches lieber ohne Fleisch genießen will, bereitet statt des Schweinefleischs den Sticky Tempeh (siehe S. 37) zu.

STICKY TEMPEH

FÜR 2 PORTIONEN
ZUBEREITUNGSZEIT: *20 Min.*
PRO PORTION: *ca. 290 kcal, 20 g E, 13 g F, 23 g KH*

1 Stängel Zitronengras
2 Orangen
1 Knoblauchzehe
2 EL Sojasauce
1 EL Honig
2 TL Weißweinessig
1 TL Chilisauce (z. B. Sriracha)
200 g Tempeh
Öl zum Braten
Salz

1 Zitronengras waschen, oberen Teil und Strunk wegschneiden, die unteren 10 cm des Stängels längs vierteln und fein hacken. Orangen halbieren, Saft auspressen. Knoblauch schälen, in ein Schälchen pressen. Mit Zitronengras, Orangensaft, Sojasauce, Honig, Weißweinessig und Chilisauce (nach Geschmack nur die Hälfte verwenden) verrühren.

2 Den Tempeh in ca. 1 cm dicke Scheiben schneiden. Öl ca. 3 mm hoch in einer beschichteten Pfanne erhitzen. Tempeh-Scheiben von beiden Seiten in 3–5 Min. bei mittlerer Hitze goldbraun braten. Herausnehmen, auf Küchenpapier abtropfen lassen.

3 Die Pfanne auswischen. Orangensaft-Mischung in der Pfanne erhitzen und bei mittlerer Hitze siruppartig einkochen lassen. Salzen, Tempeh hineingeben und mehrmals darin wenden. Weiterbraten, bis die Marinade rundum dick am Tempeh klebt. Herausnehmen und warm oder leicht abgekühlt auf die Sandwiches geben.

KORIANDERMAYO

FÜR 2 PORTIONEN
ZUBEREITUNGSZEIT: *10 Min.*
PRO PORTION: *ca. 880 kcal, 4 g E, 93 g F, 4 g KH*

½ Bund Koriandergrün
1 kleine Knoblauchzehe
½ TL Dijon-Senf
1 ½ TL Limettensaft
1 TL Weißweinessig
1 ganz frisches Ei (M)
180 ml Sonnenblumenöl
1 TL Honig
2 Spritzer Chilisauce (z. B. Sriracha)
Salz
Pfeffer

1 Koriandergrün waschen, Blätter abzupfen und fein hacken. Knoblauch schälen und in einen hohen Mixbecher pressen (nach Geschmack nur die Hälfte Knoblauch verwenden). Senf, ½ TL Limettensaft und den Essig zugeben, dann das Ei hinzufügen. Alles mit dem Pürierstab kurz durchmixen.

2 Das Öl tröpfchenweise dazugeben und weitermixen. Sobald die Creme dicker wird, das Öl in einem dünnen Strahl untermixen und weiterpürieren, bis eine cremige Mayonnaise entsteht. Dann den Honig, restlichen Limettensaft und die Chilisauce (Menge je nach gewünschter Schärfe) untermixen. Zuletzt das Koriandergrün unter die Mayonnaise rühren, mit Salz und Pfeffer abschmecken.

TIPP

Damit die Mayonnaise gelingt, sollten alle Zutaten Zimmertemperatur haben – das Ei also rechtzeitig aus dem Kühlschrank holen.

MIXED PAKORAS
MIT KORIANDERDIP

INDISCHER SNACK-KLASSIKER

FÜR 2 PERSONEN
ZUBEREITUNGSZEIT: *35 Min.*
PRO PORTION: *ca. 900 kcal,*
22 g E, 63 g F, 53 g KH

FÜR DEN KORIANDERDIP:
1 Bund Koriandergrün (ca. 50 g)
2 grüne Chilischoten
½ TL brauner Zucker
3 TL Zitronensaft
3 TL Kokosraspel
Salz

FÜR DIE PAKORAS:
150 g Kichererbsenmehl
Salz
½ TL gemahlene Kurkuma
½ TL gemahlener Kreuzkümmel
1 EL Mohnsamen
1 Msp. Natron
200 g Möhren
1 Zwiebel
100 g Baby-Blattspinat
ca. 500 ml Öl zum Frittieren

1 Für den Dip das Koriandergrün waschen, trocken schütteln und mitsamt der zarten Stängel grob hacken. Die Chilischoten halbieren, Kerne und Stiele entfernen. Die Hälften waschen und in grobe Stücke schneiden. Koriander, Chili, Zucker, Zitronensaft und Kokosraspel in einem Mixer oder Blitzhacker fein zerkleinern, den Dip mit Salz abschmecken.

2 Für die Pakoras das Kichererbsenmehl mit 1 knappen TL Salz, Kurkuma, Kreuzkümmel, Mohn und Natron in eine Schüssel geben. Nach und nach 175 ml kaltes Wasser zugießen, dabei alles mit dem Schneebesen zu einem glatten Teig verrühren. Quellen lassen, bis das Gemüse vorbereitet ist.

3 Inzwischen die Möhren mit einer Gemüsebürste gründlich waschen, putzen und mit einem Spiralschneider in dünne Streifen schneiden. Die Zwiebel schälen, halbieren und in schmale Spalten schneiden. Den Spinat verlesen und putzen, waschen, trocken schleudern und grob hacken.

4 Den Teig nochmals durchrühren. Öl in einem weiten Topf erhitzen (das Öl ist heiß genug, wenn an einem eingetauchten Holzspieß kleine Blasen aufsteigen). Dann die Zwiebelspalten in den Teig geben und mit einer Gabel darin wenden. Mit einem Teelöffel kleine Zwiebelportionen aus dem Teig nehmen und diese mithilfe eines zweiten Löffels in das heiße Öl gleiten lassen. In 2–3 Min. goldbraun ausbacken, mit einem Schaumlöffel herausheben und auf Küchenpapier abtropfen lassen. Die Möhrenstreifen auf die gleiche Weise zubereiten. Den gehackten Spinat gründlich mit dem übrigen Teig vermischen. Mithilfe der beiden Teelöffel zu kleinen Klößchen formen, diese etwas flach drücken. Im heißen Öl in ca. 2 Min. goldbraun ausbacken. Auf Küchenpapier abtropfen lassen. Die Pakoras gleich mit dem Dip servieren.

INFO

Für die Pakoras können Sie auch Gemüse wie Blumenkohl, Kartoffeln, Zucchini, Paprika, Auberginen oder Champignons in Stücke, Scheiben oder Streifen schneiden, in Kichererbsenteig tauchen und ausbacken.

KOHLRABI-FRITTEN MIT APFEL-KETCHUP

GESUNDE POMMES

FÜR 2 PERSONEN
ZUBEREITUNGSZEIT: *55 Min.*
PRO PORTION: *ca. 835 kcal,*
16 g E, 62 g F, 52 g KH

FÜR DAS KETCHUP:
1 kleine Zwiebel
½ Apfel
1 TL Öl
2 TL brauner Zucker
½ Dose stückige Tomaten
   (200 g)
1 EL Apfelessig
¼ TL Ingwerpulver
1 Msp. gemahlene Nelken
Salz
Pfeffer

FÜR DIE FRITTEN:
500 g Kohlrabi
50 g Mehl
½ TL Chilipulver
1 Ei (L)
Salz
Pfeffer
50 g Panko (asiatische Semmel-
   brösel; ersatzweise Semmel-
   brösel)
3 TL geschälter Sesam
ca. 500 ml Öl zum Frittieren

1 Für das Ketchup die Zwiebel schälen und fein würfeln. Den Apfel waschen, halbieren, Kerngehäuse entfernen und den Apfel samt Schale grob raspeln. Das Öl in einem kleinen, hohen Topf erhitzen und die Zwiebel darin andünsten. Die Apfelraspel zugeben und kurz mitdünsten. Dann mit dem Zucker bestreuen und etwas karamellisieren lassen. Tomaten, Essig, Ingwerpulver, gemahlene Nelken, Salz, Pfeffer und 1–2 EL Wasser hinzufügen und alles aufkochen lassen. Bei mittlerer Hitze offen ca. 10 Min. köcheln lassen.

2 Tomaten-Apfel-Mischung vom Herd nehmen, mit dem Pürierstab fein pürieren. Erneut aufkochen und offen 3–4 Min. dicklich einkochen lassen. Mit Salz und Pfeffer abschmecken und heiß in eine saubere Flasche oder ein Schraubglas füllen (ca. 250 ml Inhalt). Verschließen und auskühlen lassen.

3 Für die Fritten Kohlrabi schälen, halbieren und in Stifte schneiden (etwa so groß wie Pommes frites). Das Mehl in einem tiefen Teller mit Chilipulver vermischen. Das Ei in einem zweiten Teller verquirlen, salzen und pfeffern. In einem dritten Teller das Panko mit dem Sesam mischen.

4 Die Kohlrabistifte zuerst im Mehl wenden, dabei überschüssiges Mehl mit den Händen abklopfen. Dann die Kohlrabistifte im Ei und schließlich in der Panko-Mischung wenden, dabei die Panade etwas festdrücken. Das Öl in einem weiten Topf erhitzen. Die Kohlrabi-Fritten portionsweise im heißen Öl in 3–4 Min. goldbraun frittieren. Dann mit einem Schaumlöffel herausnehmen und auf Küchenpapier abtropfen lassen. Noch heiß mit dem Apfel-Ketchup servieren.

TIPP

Das Ketchup bleibt im Kühlschrank bis zu 1 Woche frisch und schmeckt auch zu anderen Gerichten, z. B. auf Sandwiches oder Burgern.

ZUCCHINI-HALLOUMI-PUFFER

SOMMER-STAR

FÜR 2 PERSONEN
ZUBEREITUNGSZEIT: *30 Min.*
PRO PORTION: *ca. 660 kcal,*
25 g E, 50 g F, 26 g KH

FÜR DIE PUFFER:
1 Zucchino (ca. 350 g)
125 g Halloumi
2 Frühlingszwiebeln
¼ Bund glatte Petersilie
¼ Bund Minze
1 Ei (M)
1 Bio-Zitrone
50 g Mehl
1 Msp. Backpulver
Salz
Pfeffer
½ TL Chiliflocken (nach
Belieben)
2 EL Olivenöl

FÜR DEN DIP:
1 kleine Avocado
¼ Bund glatte Petersilie
¼ Bund Minze
50 g Vollmilchjoghurt
1 EL Zitronensaft
Salz

1 **Für die Puffer** den Zucchino waschen, putzen und grob raspeln. Die Raspel auf ein sauberes Geschirrtuch geben und kräftig ausdrücken, sodass sie möglichst viel Feuchtigkeit an das Geschirrtuch abgeben. Den Halloumi grob raspeln. Von den Frühlingszwiebeln die Wurzelansätze und die welken grünen Teile abschneiden. Die Frühlingszwiebeln waschen, trocken tupfen und in feine Ringe schneiden. Petersilie und Minze waschen, trocken schütteln, die Blätter von den Stängeln zupfen und fein hacken.

2 **Das Ei** in einer Schüssel verquirlen. Die Zitrone heiß waschen, trocken tupfen und die Schale fein abreiben. Das Mehl mit dem Backpulver, etwas Salz und Pfeffer, dem Zitronenabrieb und den Chiliflocken mischen. Die Mehlmischung zum Ei geben und unterrühren. Die Zucchini- und die Käseraspel, Frühlingszwiebeln, Petersilie und Minze zugeben und unterheben.

3 **Das Olivenöl** nach und nach in einer beschichteten Pfanne erhitzen. Pro Puffer jeweils 1 gehäuften EL Zucchini-Halloumi-Mischung in die Pfanne geben und mit einem Löffel glatt streichen. Die Puffer auf beiden Seiten in jeweils 3–4 Min. goldbraun braten und dann auf Küchenpapier abtropfen lassen. Auf diese Weise acht Puffer braten.

4 **Inzwischen für den Dip** die Avocado halbieren, den Kern entfernen. Das Fruchtfleisch mit einem Löffel aus der Schale lösen und in einen hohen Rührbecher geben. Petersilie und Minze waschen, trocken schütteln und die Blätter von den Stängeln zupfen. Mit dem Joghurt und Zitronensaft zur Avocado in den Rührbecher geben, alles fein pürieren. Den Dip mit Salz abschmecken und zu den Puffern servieren. Dazu schmeckt Tomatensalat.

TOPINAMBUR-WAFFELN

FÜR 2 PERSONEN
ZUBEREITUNGSZEIT: *80 Min.*
PRO PORTION: *ca. 505 kcal,*
22 g E, 23 g F, 50 g KH

FÜR DIE WAFFELN:
2 Frühlingszwiebeln
1 EL gehackte Walnusskerne
1 kg Topinambur
1 Kartoffel
2 Eier (M)
1 TL Salz
frisch geriebene Muskatnuss
100 g Vollkorn-Dinkelmehl
2 EL gehackte Petersilie
Öl zum Ausbacken

FÜR DEN DIP:
250 g Magerquark
1 EL Walnussöl
1 Bund Schnittlauch
Salz
Pfeffer

AUSSERDEM:
Waffeleisen

1 Für die Waffeln von den Frühlingszwiebeln Wurzelansätze und welke grüne Teile abschneiden. Frühlingszwiebeln waschen und in feine Ringe schneiden. Walnusskerne in einer Pfanne ohne Fett rösten, bis sie duften, dann grob hacken. Topinambur und Kartoffel schälen, waschen und grob raspeln (das Gewicht des geschälten Topinamburs sollte ca. 500 g betragen).

2 Die Eier mit Salz und Muskatnuss in einer Rührschüssel verquirlen. Das Mehl unterrühren, Topinambur- und Kartoffelraspel gut untermischen. Die Petersilie, die Frühlingszwiebeln und die Nüsse zugeben und unterheben.

3 Ein Waffeleisen vorheizen und die Backflächen dünn mit Öl einpinseln. Pro Waffel 1–2 EL der Topinambur-Mischung (je nach Größe des Waffeleisens) auf der unteren Backfläche des Waffeleisens verteilen. Das Waffeleisen schließen und die Waffel in 4–6 Min. goldbraun und knusprig backen. Den übrigen Teig auf die gleiche Weise ausbacken.

4 Inzwischen für den Dip den Quark mit dem Walnussöl glatt rühren. Den Schnittlauch waschen, trocken schütteln und mit einer sauberen Schere in dünnen Röllchen in den Quark schneiden. Mit Salz und Pfeffer abschmecken. Die Waffeln mit dem Quark servieren. Dazu schmeckt grüner Salat.

+ MEAT

Statt der Walnusskerne 50 g Speckwürfel in einer Pfanne ohne Fett knusprig anbraten, abkühlen lassen und unter den Waffelteig heben.

INFO

Topinambur ist ein Wurzelgemüse, das im Winter in Form von kleinen, knubbeligen Knollen geerntet wird. Man bereitet Topinambur ähnlich wie Kartoffeln zu, z. B. als Suppe, Stampf oder Auflauf. Allerdings besitzt er im Vergleich deutlich weniger verwertbare Kohlenhydrate und ist daher eine prima Low-Carb-Alternative. Die Knollen haben einen leicht nussigen, artischockenähnlichen Geschmack.

AUF DIE HAND IN DEN MUND

FÜR 2 PERSONEN
ZUBEREITUNGSZEIT: *45 Min.*
PRO PORTION: *ca. 645 kcal,*
19 g E, 38 g F, 54 g KH

FÜR DEN BLUMENKOHL:
1 kleiner Blumenkohl (ca. 800 g)
1 Knoblauchzehe
4 EL Olivenöl
2 EL Tomatenmark
1 EL Zitronensaft
1 ½ TL Döner-Gewürzmischung
Salz
Pfeffer
¼ TL geräuchertes Paprikapulver
   (nach Belieben)

FÜR DEN WÜRZJOGHURT:
4 Stängel Minze
250 g griechischer Joghurt
   (10 % Fett)
Salz
Pfeffer
¼ TL gemahlener Kreuzkümmel

AUSSERDEM:
100 g Rotkohl
Salz
Pfeffer
1 TL Weißweinessig
1 EL Olivenöl
1 Römersalatherz
1 rote Spitzpaprika
1 Mini-Salatgurke
1 Tomate
2 Pita-Brote (Fertigprodukt)
Pul Biber zum Bestreuen (nach
   Belieben)

BLUMENKOHL-DÖNER

FAKE MEAT!

WAS GUCKST DU? AUCH OHNE FLEISCH IST DIESER
DÖNER EINE RUNDE SACHE – UND MIT SCHARF
GERÖSTETEM, EXTRAWÜRZIGEM BLUMENKOHL
AUF JEDEN FALL KOMPLETT LECKER!

AUSTAUSCH-
BAR:

Minzjoghurt durch Tahinsauce
(siehe S. 151)

1   **Den Backofen** auf 200° vorheizen, ein Backblech mit Backpapier auslegen. Blumenkohl putzen, waschen und in kleine Röschen schneiden. Knoblauch schälen und in sehr feine Scheiben schneiden. 2 EL Olivenöl mit Tomatenmark, Zitronensaft und der Döner-Gewürzmischung verrühren. Übriges Öl in einer beschichteten Pfanne erhitzen, den Blumenkohl unter Rühren 4–5 Min. darin anbraten. Den Knoblauch und die Öl-Tomatenmark-Mischung untermengen und weitere 1–2 Min. unter Rühren braten.

2   **Den Blumenkohl** vom Herd nehmen, mit Salz, Pfeffer und Paprikapulver würzen. Auf dem Backblech verteilen und im heißen Ofen (Mitte) 25–30 Min. garen, dabei ein- bis zweimal wenden. In den letzten 5 Min. Backofengrill zuschalten und den Blumenkohl leicht braun rösten.

3   **Inzwischen für den Würzjoghurt** Minze waschen, trocken schütteln, Blättchen abzupfen und fein hacken. Unter den Joghurt rühren. Mit Salz, Pfeffer und Kreuzkümmel kräftig würzen, dann glatt rühren und kühl stellen.

4   **Vom Rotkohl** unschöne Außenblätter entfernen, den Rotkohl waschen, vom Strunk befreien und in feine Streifen schneiden oder hobeln. In einer Schüssel mit 1 kräftigen Prise Salz und Pfeffer durchkneten, bis er weich ist. Mit Essig und Öl vermischen und bis zur Weiterverwendung durchziehen lassen.

5   **Den Salat putzen,** in einzelne Blätter teilen, waschen, trocken schleudern und quer in schmale Streifen schneiden. Paprika halbieren und putzen, dabei weiße Trennwände und Kerne entfernen. Paprikahälften waschen und quer in feine Streifen schneiden. Gurke und Tomate waschen, putzen und klein würfeln, dabei den Stielansatz der Tomate entfernen.

6   **Den Blumenkohl** aus dem Ofen nehmen, Knoblauch nach Belieben entfernen. Die Pita-Brote nach Packungsanweisung aufbacken. Dann 1 Pita-Brot zur Hälfte mit grünem Salat, Paprika, Gurke, Tomate und Krautsalat füllen. Blumenkohl daraufhäufen und mit etwas Würzjoghurt beträufeln. Nach Belieben mit Pul Biber bestreuen. Das zweite Pita-Brot auf die gleiche Weise füllen. Die beiden Blumenkohl-Döner mit dem restlichen Gemüse, dem übrigem Krautsalat und dem Würzjoghurt anrichten.

SALATE ZUM SATTESSEN

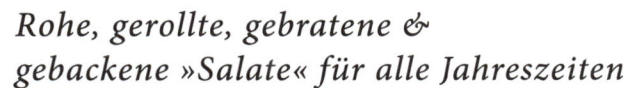

Rohe, gerollte, gebratene &
gebackene »Salate« für alle Jahreszeiten

CAPRESE MIT SPARGEL UND ERDBEEREN

FRÜHLINGSSALAT

FÜR 2 PERSONEN
ZUBEREITUNGSZEIT: *40 Min.*
PRO PORTION: *ca. 750 kcal,*
17 g E, 69 g F, 15 g KH

500 g grüner Spargel
1 TL Dijon-Senf
1 TL Honig
3 EL Weißweinessig
2 EL Walnussöl
3 EL Olivenöl
Salz
Pfeffer
2 EL Pinienkerne
125 g Erdbeeren
1 reife Avocado
3 Spritzer Zitronensaft
1 Bund Basilikum
3 Stängel Estragon
1 Handvoll Postelein
125 g Mini-Mozzarella

1 Den Spargel waschen und holzige Enden großzügig abschneiden oder schälen. Die Stangen mit einem Sparschäler von unten zur Spitze hin vorsichtig in schmale Streifen schneiden. Große Spargelköpfe mit einem Messer längs halbieren, kleinere Spargelköpfe ganz belassen.

2 Senf, Honig und Essig gründlich verrühren, danach Walnuss- und Olivenöl kräftig unterschlagen. Die Vinaigrette mit Salz und Pfeffer abschmecken. Den Spargel gründlich mit der Vinaigrette vermischen, dabei mehrmals wenden, damit der Spargel etwas weicher wird. Dann beiseitestellen und 15–20 Min. durchziehen lassen.

3 Inzwischen die Pinienkerne in einer Pfanne ohne Fett rösten, bis sie leicht bräunen und duften. Dann herausnehmen und abkühlen lassen. Die Erdbeeren waschen, die grünen Kelchblätter entfernen und die Erdbeeren in 3–4 mm dicke Scheiben schneiden. Die Avocado halbieren, vom Kern befreien, schälen und in mundgerechte Stücke schneiden. Diese gleich mit Zitronensaft vermischen, damit sie nicht braun werden. Basilikum und Estragon waschen und trocken schütteln. Basilikumblättchen abzupfen und grob zerzupfen, Estragonblättchen abzupfen und klein hacken. Postelein waschen, verlesen und trocken schleudern. Mozzarella trocken tupfen und nach Belieben ganz belassen oder grob zerzupfen.

4 Zum Anrichten die Avocado, den Estragon und jeweils gut die Hälfte von den Erdbeeren, von Basilikum und Postelein vorsichtig unter den Spargel heben. Anschließend den Mozzarella, die übrigen Erdbeeren, Postelein und Basilikum darauf verteilen. Die Caprese mit den Pinienkernen bestreuen und nochmals mit Pfeffer würzen.

+ MEAT

Anstelle des Mozzarellas 120 g gebratenes, in Scheiben geschnittenes Hähnchenbrustfilet verwenden.

ANTIPASTI-PANZANELLA

FÜR 2 PERSONEN
ZUBEREITUNGSZEIT: *40 Min.*
MARINIERZEIT: *25 Min.*
PRO PORTION: *ca. 635 kcal,*
13 g E, 44 g F, 46 g KH

100 g Fladenbrot vom Vortag
  (ersatzweise Baguette)
7 EL Olivenöl
1 kleine Knolle Fenchel
1 orange Paprika
1 kleine Aubergine
2 Knoblauchzehen
Salz
Pfeffer
½ TL getrockneter Oregano
3 Fleischtomaten
1 TL Kapern
8 schwarze Oliven
2 EL Rotweinessig (ersatzweise
  Sherryessig)
4 Stängel Basilikum
8 Stängel Petersilie

1   **Den Backofen** auf 200° vorheizen, ein Backblech mit Backpapier auslegen. Das Brot in ca. 2 cm große Würfel schneiden, auf das Backpapier geben. Mit 1 EL Olivenöl beträufeln und im heißen Ofen (Mitte) in 10–15 Min. goldbraun rösten. Abkühlen lassen.

2   **Inzwischen Fenchel längs vierteln,** waschen und putzen, den Strunk keilförmig herausschneiden. Die Viertel längs in schmale Spalten schneiden. Die Paprika halbieren und putzen, dabei weiße Trennwände und Kerne entfernen. Die Hälften waschen und quer in schmale Streifen schneiden. Die Aubergine waschen, putzen und in ca. 1,5 cm große Würfel schneiden. Knoblauch schälen und fein würfeln.

3   **In einer beschichteten Pfanne** 2 EL Öl erhitzen. Fenchel 5–7 Min. unter Rühren darin anbraten, sodass er leicht bräunt, aber noch Biss hat. Salzen, pfeffern und herausnehmen. Weitere 2 EL Öl in der Pfanne erhitzen, Paprika und die Hälfte des Knoblauchs 4–5 Min. darin anbraten. Salzen, pfeffern und herausnehmen. Übriges Öl (2 EL) in der Pfanne erhitzen, die Aubergine mit dem restlichen Knoblauch in 5–7 Min. goldgelb braten. Salz, Pfeffer und Oregano untermischen und das Gemüse aus der Pfanne nehmen.

4   **Tomaten waschen** und in ca. 2 cm große Stücke schneiden, dabei den Saft auffangen und die Stielansätze entfernen. Kapern abtropfen lassen, fein hacken. Oliven längs vierteln und entsteinen. Oliven, Kapern, die Tomaten mitsamt Saft, Auberginen, Paprika und Essig in einer Schüssel vermischen und 5–10 Min. ziehen lassen. Inzwischen Basilikum und Petersilie waschen, trocken schütteln, Blätter abzupfen und grob hacken.

5   **Zuletzt Brot und Fenchel** sorgfältig untermischen, Basilikum und Petersilie unterheben. Die Panzanella vor dem Servieren 10–15 Min. durchziehen lassen. Bei Bedarf nochmals mit Salz, Pfeffer und Essig abschmecken.

SCHMECKT AUCH »TO GO«! DAZU DIE ZUTATEN IN FOLGENDER REIHENFOLGE VON UNTEN
NACH OBEN IN EIN SCHRAUBGLAS SCHICHTEN: TOMATEN, GEBRATENES GEMÜSE, KAPERN,
OLIVEN, KRÄUTER. DAS BROT EXTRA EINPACKEN UND VOR ORT ALLES MISCHEN.

SALATE ZUM SATTESSEN

RETTICH-NUDELN MIT GARNELEN

FÜR 2 PERSONEN
ZUBEREITUNGSZEIT: *25 Min.*
PRO PORTION: *ca. 350 kcal,*
37 g E, 16 g F, 11 g KH

400 g weißer Rettich
½ Salatgurke
1 Bund Koriandergrün
1 Stück Ingwer (ca. 2 cm lang)
75 g Kokosmilch
1 TL brauner Zucker
1 EL Limettensaft
½ TL Wasabipaste
Salz
350 g Garnelen (küchenfertig,
  ohne Kopf, mit Schale)
1 Knoblauchzehe
1 EL Öl
½ Limette

1 **Rettich und Gurke** putzen, schälen und beides mit einem Spiralschneider oder Sparschäler in feine, breite Streifen schneiden. Für das Dressing den Koriander waschen, trocken schütteln und mitsamt der feinen Stängel grob hacken. Den Ingwer schälen und in grobe Stücke schneiden. Koriander, Ingwer, Kokosmilch, Zucker, Limettensaft und Wasabipaste in einen Blitzhacker geben und fein pürieren. Das Dressing mit Salz abschmecken. Den Rettich und die Gurke mit dem Dressing in einer Schüssel vermischen.

2 **Die Garnelen trocken tupfen.** Die Knoblauchzehe schälen und in feine Scheiben schneiden. Das Öl in einer beschichteten Pfanne erhitzen. Die Garnelen unter Rühren bei mittlerer Hitze ca. 2 Min. darin braten. Den Knoblauch zugeben und weitere 3 Min. braten, dabei öfter umrühren. Salzen, pfeffern und abkühlen lassen.

3 **Die Rettich-Nudeln** auf Tellern anrichten und die Garnelen darauf verteilen. Die Limette halbieren oder vierteln und die Limettenspalten zum Beträufeln der Garnelen servieren.

- MEAT

Die Rettich-Nudeln mit Kokos-Tofu statt Garnelen kombinieren: Dazu 300 g Tofu zwischen Küchenpapier gut ausdrücken und in ca. 1 cm dicke Scheiben schneiden. Leicht salzen und in ca. 25 g Kokosraspeln wenden. In 1 EL Öl unter Wenden in 5–6 Min. knusprig braten.

TIPP

Anstelle des Rettichs können Sie auch anderes Gemüse für den Salat »spiralisieren«, z. B. Möhren, Zucchini oder Süßkartoffeln. Die Süßkartoffel-»Nudeln« ca. 5 Min. in kochendem Salzwasser garen.

RAINBOW-ROLLS
MIT OMELETT

FINGERFOOD

FÜR 2 PERSONEN (8 ROLLS)
ZUBEREITUNGSZEIT: *45 Min.*
PRO PORTION: *ca. 525 kcal,*
19 g E, 27 g F, 47 g KH

FÜR DIE ROLLS:
2 Eier (M)
2 TL geröstetes Sesamöl
Salz
1 EL Rapsöl
1 Möhre
½ Salatgurke (ca. 200 g)
1 gelbe Paprika
2 Rote Bete
1 Beet Kresse
½ Bund Minze
½ Bund Koriandergrün
8 runde Blätter Reispapier
   (22 cm Ø)

FÜR DEN ERDNUSS-DIP:
1 Stück Ingwer (ca. 2 cm lang)
2 EL ungesüßtes Erdnussmus
50 ml Kokoswasser
1 EL Sojasauce
1 TL Ahornsirup
2 EL Limettensaft
Sambal Oelek (nach Belieben)

1 Für die Rolls Eier mit Sesamöl, 2 TL kaltem Wasser und Salz verquirlen. Das Rapsöl in einer kleinen Pfanne (ca. 18 cm Ø) erhitzen. Etwa ein Viertel der Eiermasse hineingießen und durch Schwenken dünn auf dem Pfannenboden verteilen. Ca. 1 Min. braten, wenden und noch 1 Min. braten, dann herausnehmen. Aus der übrigen Eiermasse auf die gleiche Weise 3 weitere Omelette braten, dann alle Omelette halbieren.

2 Möhre gründlich waschen, putzen, quer halbieren oder dritteln und in streichholzgroße Stifte schneiden. Gurke putzen, schälen, längs halbieren, Kerne mit einem Löffel herauskratzen. Das Fruchtfleisch quer halbieren und in streichholzgroße Stifte schneiden. Paprika halbieren und putzen, dabei weiße Trennwände und Kerne entfernen. Paprikahälften waschen und in schmale Streifen schneiden. Rote Bete schälen und grob raspeln (dabei am besten Einmalhandschuhe verwenden, da Rote Bete stark abfärbt). Kresse waschen, trocken schütteln und vom Beet schneiden. Minze und Koriander waschen, trocken tupfen und die Blätter von den Stängeln zupfen.

3 Ein sauberes, angefeuchtetes Geschirrtuch ausbreiten. Eine flache Schale ca. 2 cm hoch mit lauwarmem Wasser befüllen und die Reispapier-Blätter einzeln nacheinander hineinlegen. Jeweils ca. 2 Min. darin ziehen lassen, bis sie weich sind. Vorsichtig herausnehmen und auf dem Geschirrtuch ausbreiten. Je ein halbes Omelett auf die untere Hälfte eines Reispapiers legen, dabei zu den Seiten und nach unten ca. 2 cm Rand frei lassen. Jeweils ein Achtel Möhre, Gurke, Paprika, Rote Bete, Kresse, Minze und Koriander auf einer Omeletthälfte verteilen. Seitliche Ränder des Papiers über der Füllung einschlagen. Dann das Papier von der unteren Seite aus über der Füllung einschlagen und nach oben hin straff aufrollen. Die sieben weiteren Rolls auf die gleiche Weise zubereiten.

4 Für den Erdnuss-Dip den Ingwer schälen und in Stücke schneiden. Mit allen anderen Dip-Zutaten, bis auf das Sambal Oelek, in einen hohen Rührbecher geben und cremig pürieren. Nach Belieben mit Sambal Oelek abschmecken und den Dip zu den Rainbow-Rolls servieren.

+ MEAT
Anstelle der Sesam-Omelette jeweils insgesamt 100 g gegarte, längs halbierte Garnelen, gedünstete Hähnchenfiletstreifen oder Räucherlachsscheiben mit dem Gemüse in die Rolls füllen.

SALATE ZUM SATTESSEN

NO MEAT

BLUMENKOHL-SUSHI

LOW-CARB-SUSHI

FÜR 2 PERSONEN (24 STÜCK)
ZUBEREITUNGSZEIT: *30 Min.*
PRO PORTION: *ca. 180 kcal,*
5 g E, 14 g F, 8 g KH

FÜR DIE SUSHI:
1 Blumenkohl (ca. 1 kg)
1½ TL brauner Zucker
120 ml Reisessig
2 EL geschälter Sesam
1 Möhre
½ kleine Salatgurke
1 kleine Avocado
1 Beet Kresse
4 Nori-Blätter

ZUM SERVIEREN:
Wasabipaste
eingelegter Ingwer
Sojasauce

1 **Den Blumenkohl putzen** und waschen, in größere Stücke schneiden oder brechen, dabei sehr dicke Strunkteile entfernen. Den Blumenkohl im Blitzhacker fein hacken oder zuerst mit einem großen Messer längs in dünne Scheiben schneiden und diese dann auf Reiskorngröße fein hacken. Den Zucker mit dem Reisessig und 4 EL Wasser in einer Pfanne erhitzen und rühren, bis der Zucker sich auflöst. Den Blumenkohl zugeben und unter Rühren 4–5 Min. dünsten, dann abkühlen lassen. Auf ein sauberes Geschirrtuch geben und kräftig ausdrücken, sodass er möglichst trocken ist. Die Pfanne auswischen und den Sesam ohne Fett darin anrösten, bis er duftet. Unter den Blumenkohl mischen.

2 **Die Möhre** mit einer Gemüsebürste unter fließendem Wasser gründlich waschen, putzen und in etwa streichholzgroße Stifte schneiden. Die Gurke putzen, schälen, längs halbieren, Kerne mit einem Löffel herauskratzen. Das Fruchtfleisch ebenfalls in streichholzgroße Stifte schneiden. Die Avocado vom Kern befreien, schälen und in schmale Streifen schneiden. Die Kresse waschen, trocken schütteln und vom Beet schneiden.

3 **1 Nori-Blatt** mit der glänzenden Seite nach unten auf der Arbeitsfläche ausbreiten. Jeweils ein Viertel Blumenkohl-Reis daraufgeben und flach verstreichen, dabei an allen Seiten einen kleinen Rand frei lassen. Blumenkohl-Reis mit Möhre, Gurke, Avocado und Kresse belegen. Dann das Nori-Blatt aufrollen, dabei am unteren Rand mit etwas Wasser anfeuchten und die Sushi-Rolle hier zusammenkleben. Die Rolle mit einem scharfen Messer in ca. sechs Röllchen schneiden. Die anderen Sushi-Röllchen auf die gleiche Weise zubereiten. Mit Wasabipaste, Ingwer und Sojasauce servieren.

+ MEAT

Anstelle der Avocadostreifen 50 g Räucherlachsscheiben oder rohes Lachsfilet (in Sushi-Qualität) mit einrollen.

CHINAKOHL-ROLLS MIT ENTE

AUS VIETNAM

FÜR 2 PERSONEN (12 ROLLS)
ZUBEREITUNGSZEIT: *45 Min.*
PRO PORTION: *ca. 420 kcal,*
30 g E, 15 g F, 35 g KH

FÜR DIE ROLLS:
1 kleine Entenbrust (ca. 250 g)
1 kleine Mango (reif, aber nicht
 zu weich)
1 große Möhre
1 rote Zwiebel
1 großer Chinakohl (ca. 1 kg)
1 Bund Koriandergrün

FÜR DIE SAUCE:
1 rote Chilischote
2 EL Fischsauce
2 EL Limettensaft
1 EL brauner Zucker

1   Den Backofen auf 200° vorheizen. Für die Rolls die Entenbrust kalt abspülen, trocken tupfen und die Haut mit einem scharfen Messer rautenförmig einschneiden. Die Entenbrust mit der Hautseite nach unten in eine kalte, ofenfeste Pfanne legen. Auf dem Herd erhitzen, ca. 5 Min. braten, wenden und weitere 2–3 Min. braten. In der Pfanne in den heißen Ofen (Mitte) stellen und je nach Dicke in 12–15 Min. fertig garen. Die Entenbrust herausnehmen, in Alufolie wickeln und ca. 5 Min. ruhen lassen.

2   Inzwischen das Mangofruchtfleisch vom Stein schneiden, schälen und klein würfeln. Die Möhre mit einer Gemüsebürste gründlich waschen, putzen und in etwa streichholzgroße Stifte schneiden. Die Zwiebel schälen, halbieren und in feine Scheiben schneiden oder hobeln. Vom Chinakohl die unschönen Außenblätter entfernen, dann 12 große Blätter ablösen, waschen und trocken tupfen. Harte Blattrippen am unteren Ende keilförmig herausschneiden. Den übrigen Chinakohl in feinen Streifen vom Strunk schneiden, waschen und trocken schleudern. Das Koriandergrün waschen, trocken schütteln und die Blätter von den Stängeln zupfen.

3   Für die Füllung Mango, Möhre, Zwiebel, Koriandergrün und den klein geschnittenen Chinakohl vermischen. Für die Sauce die Chilischote halbieren, Kerne und Stiel entfernen, die Hälften waschen und in feine Ringe schneiden. Die Fischsauce mit Limettensaft und Zucker gut verrühren, sodass sich der Zucker auflöst, dann die Chiliringe zugeben. Die Haut von der Entenbrust ablösen und in feine Streifen schneiden. Das Fleisch klein würfeln. Beides unter die Füllung heben.

4   Die 12 Chinakohl-Blätter auslegen und je ca. 1 EL Füllung daraufgeben. Blattseiten einklappen und den Salat fest einrollen. Die anderen Rolls auf die gleiche Weise zubereiten und mit der Sauce zum Dippen servieren.

- MEAT
Statt der Entenbrust 50 g Cashewkerne ohne Fett anrösten, grob hacken und unter den Salat mischen.

KEINE ZEIT FÜR ROLLENSPIELE? MISCHEN SIE EINFACH DIE SAUCE ALS DRESSING UNTER DEN SALAT UND SERVIEREN SIE DIESEN ZU DER IN SCHEIBEN GESCHNITTENEN ENTENBRUST.

ROT-GRÜNES WINTER-TABOULÉ MIT ROTER BETE

VEGETARISCHER SATTMACHER

FÜR 2 PERSONEN
ZUBEREITUNGSZEIT: *35 Min.*
RUHEZEIT: *20 Min.*
PRO PORTION: *ca. 625 kcal,*
19 g E, 34 g F, 60 g KH

80 g ausgelöste TK-Edamame-
    Bohnenkerne
Salz
100 g Couscous
4 EL Olivenöl
1 große Rote Bete (ca. 150 g)
1 große Möhre
100 g Baby-Mangold (ersatz-
    weise Baby-Spinat)
3 Zweige Thymian
1 kleiner Bund glatte Petersilie
3 EL geröstete gesalzene
    Pistazienkerne
1 Saftorange
1 Zitrone
1 TL Weißweinessig
½ TL Honig
½ TL gemahlener Kreuzkümmel
Pfeffer

1 Die Edamame-Bohnenkerne nach Packungsanweisung in einem Topf mit kochendem Salzwasser ca. 10 Min. garen, dann in ein Sieb abgießen und kalt abschrecken. Inzwischen Couscous in einen zweiten Topf geben, leicht salzen und mit 125 ml kochendem Wasser übergießen. Herd einschalten und den Couscous bei kleinster Hitze 5–8 Min. zugedeckt quellen lassen. Dann 1 EL Öl unterrühren und den Couscous weitere 10–15 Min. ausquellen lassen, dabei den Herd nach der Hälfte der Zeit ausschalten. Danach den Couscous im offenen Topf abkühlen lassen.

2 Inzwischen Rote Bete schälen und auf einer Gemüsereibe grob in eine Salatschüssel raspeln (dabei am besten Einmalhandschuhe verwenden, da Rote Bete stark abfärbt). Möhre mit einer Gemüsebürste unter fließendem Wasser gründlich waschen, putzen und dazuraspeln. Baby-Mangold putzen, verlesen, waschen, trocken schleudern und nach Belieben etwas kleiner zupfen. Kräuter waschen, trocken schütteln und die Blättchen abzupfen. Den Thymian fein, die Petersilie etwas gröber hacken. Pistazien grob hacken.

3 Für das Dressing die Saftorange und die Zitrone halbieren, den Saft auspressen. 4 EL Orangensaft mit 5 EL Zitronensaft, Essig und Honig verrühren. Den gehackten Thymian und Kreuzkümmel untermischen, salzen, pfeffern und zuletzt 3 EL Öl unterschlagen.

4 Den ausgekühlten Couscous, die Edamame-Bohnenkerne, den Mangold und die Petersilie in die Salatschüssel zur Roten Bete geben. Das Dressing darübergießen, alles gut vermengen und 15–20 Min. ziehen lassen. Das Taboulé vor dem Servieren mit den gehackten Pistazien bestreuen.

TIPP

Das Taboulé schmeckt frisch, hält sich aber auch etwas länger, z. B. auf einem Büfett für Gäste. Noch bunter wird es auf dem Teller, wenn Sie zusätzlich in Stücke geschnittene oder grob geraspelte Gelbe Bete und weiß-pinke Ringelbete untermischen.

NO MEAT

COUSCOUS-SALAT SCHMECKT NICHT NUR IM SOMMER – DIESE VARIANTE BRINGT FARBE UND AROMA IN DIE GRAUE JAHRESZEIT! WER LUST HAT, VERTEILT NOCH CREMIGE ZIEGENKÄSESTÜCKE AUF DEM TABOULÉ.

GRÜNKOHLSALAT MIT SHARON UND HALLOUMI

FÜR 2 PERSONEN
ZUBEREITUNGSZEIT: *40 Min.*
PRO PORTION: *ca. 670 kcal,*
27 g E, 49 g F, 27 g KH

FÜR DEN SALAT:
300 g Grünkohlblätter
(möglichst zart)
1 EL Zitronensaft
Salz
1 reife, feste Sharon
(ersatzweise 1 Kaki)
1 Möhre
1 Orange
2 EL Walnusskerne
150 g Halloumi
2 EL Olivenöl

FÜR DAS TAHIN-DRESSING:
1 Orange
1 Zitrone
3 EL Tahin (Sesampaste)
2 ½ TL Misopaste
Salz
Pfeffer
½ TL Chilisauce (z. B. Sriracha)

1 Für den Salat Grünkohl putzen, waschen, Blätter von den dicken Blattrippen streifen und klein zupfen. In einer Schüssel mit Zitronensaft und 1 kräftigen Prise Salz leicht durchkneten und ca. 30 Min. ziehen lassen.

2 Inzwischen die Sharon waschen, trocken tupfen, vom Stielansatz befreien und quer in ca. 5 mm dicke Scheiben schneiden, dann diese nochmals vierteln. Die Möhre mit einer Gemüsebürste unter fließendem Wasser gründlich waschen, putzen und auf der Gemüsereibe grob raspeln. Die Orange mit einem Messer so schälen, dass dabei die weiße Haut mit entfernt wird. Dann die Orange quer in Scheiben und diese dann in Viertel schneiden, bei Bedarf die Kerne entfernen. Walnusskerne in einer Pfanne ohne Fett rösten, bis sie duften. Herausnehmen, abkühlen lassen und grob hacken.

3 Für das Dressing die Orange und die Zitrone halbieren und den Saft auspressen. Orangen- und Zitronensaft mit Tahin und Misopaste glatt rühren und je nach gewünschter Konsistenz 1–3 EL Wasser zugeben. Dressing mit Salz, Pfeffer und Chilisauce würzen.

4 Den Halloumi in ca. 1 cm dicke Scheiben schneiden, diese in kleine Stücke schneiden. Olivenöl in einer Pfanne erhitzen und den Halloumi darin bei mittlerer Hitze rundum braun braten. Inzwischen Grünkohl, Möhre, Sharon und Orange vorsichtig mit dem Dressing mischen und den Salat auf flache Teller verteilen. Den warmen Halloumi daraufgeben, alles mit Walnusskernen bestreuen und gleich servieren.

INFO

Sharonfrüchte kommen bei uns ab Mitte Oktober in die Geschäfte. Im Gegensatz zu der kleineren, runderen Kaki kann man die eher ovale Sharon problemlos mit Schale essen, da diese deutlich weniger Gerbstoffe enthält. Auch bei der verwandten Kaki verflüchtigen sich die leicht bitteren Stoffe – allerdings erst, wenn die Frucht vollständig reif ist.

NO MEAT

WER GRÜNKOHL WIE HIER ROH GENIESSEN MÖCHTE, NIMMT MÖGLICHST DIE KLEINEREN, ZARTEREN BLÄTTER AUS DEM INNEREN DES KOHLS. ZUM GAREN IM OFEN SIND DAGEGEN DIE FESTEN ÄUSSEREN BLÄTTER IDEAL (Z. B. BEI DEN GEMÜSECHIPS VON S. 88).

MEDITERRANER KARTOFFELSALAT AUS DEM OFEN

OHNE MAYO

FÜR 2 PERSONEN
ZUBEREITUNGSZEIT: *25 Min.*
GARZEIT: *40 Min.*
PRO PORTION: *ca. 550 kcal,*
18 g E, 35 g F, 40 g KH

400 g kleine festkochende
   Kartoffeln mit dünner Schale
   (z. B. Drillinge)
2 Stangen Lauch
2 Knoblauchzehen
4 Zweige Thymian
3 EL Olivenöl
Salz
Pfeffer
100 g Schafskäse (Feta)
100 g griechischer Joghurt
   (10 % Fett)
3 EL Weißweinessig
1 TL körniger Senf
6 Stängel Dill
4 Stängel Minze
6 schwarze Oliven
100 g Kirschtomaten
Chiliflocken (nach Belieben)

1 **Den Backofen** auf 200° vorheizen. Kartoffeln mit einer Gemüsebürste unter fließendem Wasser gründlich waschen und mit Schale in große, aber mundgerechte Stücke schneiden. Lauch waschen, putzen und in ca. 1 cm dicke Ringe schneiden. Kartoffeln und Lauch auf ein tiefes, mit Backpapier ausgelegtes Backblech (Fettpfanne) geben. 1 Knoblauchzehe schälen, in ein Schälchen pressen. Thymian waschen, trocken schütteln, Blättchen abzupfen, fein hacken, mit dem Olivenöl zum Knoblauch geben und alles verrühren.

2 **Das Knoblauch-Würzöl** auf Lauch und Kartoffeln verteilen und alles gründlich vermengen, am besten mit den Händen. Salzen, pfeffern und im heißen Ofen (Mitte) 30–40 Min. garen, bis Lauch und Kartoffeln gebräunt sind. Dabei einmal vorsichtig durchrühren.

3 **Inzwischen für das Dressing** den Schafskäse fein zerbröckeln und mit Joghurt, Essig und Senf verrühren. Übrigen Knoblauch schälen und dazupressen. Dill und Minze waschen, trocken schütteln, Blättchen abzupfen, grob zerschneiden und unter das Dressing rühren, salzen und pfeffern. Die Oliven in Ringe oder Stücke schneiden, dabei entsteinen. Kirschtomaten waschen und halbieren, dabei die Stielansätze entfernen.

4 **Kartoffeln und Lauch** aus dem Ofen nehmen, kurz abkühlen lassen. Dann vorsichtig mit dem Dressing, den Tomaten und Oliven vermischen. Den Salat entweder lauwarm servieren oder ca. 30 Min. durchziehen lassen. Nach Belieben mit Chiliflocken bestreuen.

+ MEAT

Drei klein gehackte, in Salz eingelegte Sardellenfilets geben dem Dressing einen zusätzlichen Kick. Dazu die Sardellen vor dem Hacken kalt abspülen und trocken tupfen, sonst wird das Dressing zu salzig.

NO MEAT

DER OFEN-SALAT LÄSST SICH GUT AUF DIE SCHNELLE FÜR MEHR LEUTE »STRECKEN«: 1 DOSE
ABGETROPFTE KICHERERBSEN (240 G) UNTERMISCHEN, FÜR DAS DRESSING 2–3 EL MEHR JOGHURT
MIT 3–4 EL GEMÜSEBRÜHE VERMISCHEN UND UNTERRÜHREN, DEN SALAT ABSCHMECKEN.

FÜR 2 PERSONEN
ZUBEREITUNGSZEIT: *30 Min.*
PRO PORTION: *ca. 990 kcal,*
9 g E, 99 g F, 15 g KH

FÜR DEN KOKOSNUSS-BACON:
1 EL Limettensaft
1 ½ EL Sojasauce
1 EL Ahornsirup
½ TL edelsüßes Paprikapulver
⅓ TL Pimentón de la vera
  (siehe Info)
Salz
Pfeffer
70 g Kokoschips

FÜR DEN SALAT:
100 g Baby-Spinat
1 Römersalatherz
2 Eiertomaten
1 reife Avocado
1 TL Limettensaft

FÜR DIE MANDEL-MAYO:
50 ml ungesüßter Mandeldrink
½ Knoblauchzehe
1 ⅓ TL Gemüsebrühe (Instant)
2 EL Orangensaft
100 ml Sonnenblumenöl
1 TL Weißweinessig
2 Spritzer Chilisauce
  (z. B. Sriracha)
Salz
Pfeffer
1 EL helles Mandelmus

SALAT MIT AVOCADO UND KOKOSNUSS-BACON

FAKE MEAT!

EIER UND SPECK ZUM FRÜHSTÜCK KANN JEDER.
WIE WÄR'S DAGEGEN ZUR ABWECHSLUNG MAL MIT
FRISCHEM SALAT UND KNUSPRIGEM, RAUCHIGEM
KOKOSNUSS-BACON? STATT DEM EI MACHT DIE
CREMIGE AVOCADO SATT.

1   **Für den Kokosnuss-Bacon** den Backofen auf 150° vorheizen und ein Backblech mit Backpapier auslegen. Limettensaft, Sojasauce und Ahornsirup in einem Schälchen mit Paprikapulver, Pimentón de la vera, Salz und Pfeffer verrühren. Die Kokoschips hinzufügen und vorsichtig, aber gründlich so mit den Fingern untermengen, dass die Chips nicht zerbrechen.

2   **Die Kokoschips** so auf dem Backblech verteilen, dass sie nicht aneinanderkleben. Im heißen Ofen (Mitte) 10–12 Min. backen, bis sie leicht bräunen, dabei ein- bis zweimal wenden. Dann herausnehmen und abkühlen lassen (die Kokoschips werden erst nach dem Abkühlen knusprig).

3   **Inzwischen für den Salat** den Spinat putzen und verlesen, Römersalatherz putzen und in einzelne Blätter teilen. Beides waschen und trocken schleudern. Die Tomaten waschen und quer in Scheiben schneiden, dabei die Stielansätze entfernen. Die Avocado halbieren, vom Kern befreien und schälen. Das Fruchtfleisch in Würfel schneiden und gleich mit dem Limettensaft vermischen, damit es nicht braun wird. Spinat, Salat, Tomaten und Avocado vermischen oder nebeneinander auf Tellern anrichten.

4   **Für die Mandel-Mayonnaise** den Mandeldrink in einen hohen Mixbecher geben. Knoblauch schälen, grob hacken und mit dem Brühpulver und 2 Spritzern Orangensaft zum Mandeldrink geben, dann alles durchmixen. Das Sonnenblumenöl zunächst tröpfchenweise hinzufügen und dabei weitermixen, bis die Milch dicklich wird. Dann das Öl in einem dünnen Strahl zugießen und weitermixen, bis eine cremige Mayonnaise entsteht. Mit Essig, Chilisauce, Salz und Pfeffer würzen, dann das Mandelmus untermixen. Zuletzt so viel Orangensaft untermengen, dass ein dickflüssiges Dressing entsteht. Das Dressing über den Salat träufeln und die Kokoschips darüberstreuen.

INFO

Pimentón de la vera ist ein geräuchertes Paprikapulver aus Spanien. Die Paprikaschoten werden dafür langsam über Eichenholzrauch getrocknet und anschließend vermahlen.

ASIA-RAINBOW-SALAT
MIT TANDOORI-HUHN

AUGENSCHMAUS

FÜR 2 PERSONEN
ZUBEREITUNGSZEIT: *45 Min.*
MARINIERZEIT: *12 Std.*
PRO PORTION: *ca. 485 kcal,*
40 g E, 19 g F, 35 g KH

FÜR DAS TANDOORI-HUHN:
300 g Hähnchenbrustfilet
100 g Joghurt
1 kleine Knoblauchzehe
1 ½ EL Tandoori-Gewürzpulver
   (Asienladen; ersatzweise
   1 EL Tandoori-Paste)
2 EL Limettensaft
Salz
1 EL Butter

FÜR DEN SALAT:
200 g Rotkohl
1 dicke Möhre
1 kleine rote Spitzpaprika
2 Stangen Staudensellerie
1 kleine Mango

FÜR DAS DRESSING:
1 Stück Ingwer (ca. 3 cm lang)
1 kleine rote Chilischote
1 ½ Limetten
2 TL brauner Zucker
3 EL Fischsauce
4 Stängel Minze
3 EL gehacktes Koriandergrün
Salz

1 Für das Tandoori-Huhn das Hähnchenbrustfilet längs in vier Streifen schneiden. Den Joghurt in einen Gefrierbeutel geben. Knoblauch schälen, zum Joghurt durchpressen und mit Tandoori-Gewürzpulver und Limettensaft unterrühren. Das Fleisch zugeben und mit der Joghurtmarinade vermischen. Den Beutel verschließen und das Fleisch im Kühlschrank ca. 12 Std. (über Nacht) marinieren lassen.

2 Für den Salat die äußeren, unschönen Blätter vom Rotkohl entfernen. Kohl waschen, Strunk keilförmig herausschneiden. Rotkohl in feine Streifen schneiden oder hobeln. Möhre mit einer Gemüsebürste unter fließendem Wasser gründlich waschen, putzen und in schmale Stifte (Julienne) schneiden. Paprika halbieren, weiße Trennwände und Kerne entfernen. Paprikahälften waschen und quer in schmale Streifen schneiden. Staudensellerie waschen, putzen und schräg in dünne Scheiben schneiden. Mango schälen, das Fruchtfleisch längs mit einem Sparschäler in dünnen Streifen abziehen.

3 Für das Dressing Ingwer schälen und fein hacken. Die Chilischote halbieren, Kerne und Stiel entfernen, die Hälften waschen und fein hacken. Limetten auspressen und den Saft mit Ingwer, Chili, braunem Zucker und Fischsauce gründlich verrühren, bis sich der Zucker auflöst. Minze und Koriander waschen, trocken schütteln, Blättchen von den Stängeln zupfen und fein hacken. Das Dressing mit Salz abschmecken und vorsichtig mit dem vorbereiteten Gemüse, Mango, Minze und Koriander mischen, dabei ein Drittel der Kräuter für die Garnitur beiseitestellen. Salat durchziehen lassen.

4 Inzwischen den Backofen auf 225° vorheizen. Das Fleisch mitsamt Marinade auf ein Backblech geben und leicht salzen. Im heißen Ofen (Mitte) 12–15 Min. garen, dabei einmal wenden. Dann die Butter in Flöckchen auf dem Fleisch verteilen, den Backofengrill zuschalten und das Fleisch 3–5 Min. grillen, bis es gebräunt ist. Herausnehmen und kurz ruhen lassen. Den Salat auf Schalen verteilen, das Fleisch in Scheiben schneiden und mit den übrigen Kräutern auf dem Salat anrichten.

- MEAT

Anstelle des Tandoori-Huhns passen auch geröstete Kichererbsen (siehe S. 150) oder der Sticky Tempeh (siehe S. 37) zu dem Salat.

SALATE ZUM SATTESSEN

JAPANISCHER OTSU-SALAT MIT SOBA-NUDELN

FÜR 2 PERSONEN
ZUBEREITUNGSZEIT: *25 Min.*
RUHEZEIT: *3 Std. 30 Min.*
MARINIERZEIT: *6 Std.*
GARZEIT: *40 Min.*
PRO PORTION: *ca. 870 kcal,*
23 g E, 50 g F, 77 g KH

FÜR DEN TOFU:
150 g Tofu
1 Knoblauchzehe
1 EL Reisessig
1 ½ EL Sojasauce
2 TL Sonnenblumenöl
Chiliflocken
2 EL Speisestärke

FÜR DEN SALAT:
120 g Soba-Nudeln (Asien- oder
Bioladen; aus Buchweizen)
Salz
1 EL schwarzer Sesam
½ Salatgurke
250 g Wassermelone
1 kleine Avocado
1 TL Zitronensaft
2 Frühlingszwiebeln
⅓ Bund Koriandergrün
1 Stück Ingwer (ca. 2 cm lang)
2 ½ EL Reisessig
3 EL Sojasauce
2 TL Ahornsirup
3 EL geröstetes Sesamöl
Pfeffer
Chiliflocken

1 Tofu trocken tupfen, in Küchenpapier einwickeln und in eine Schale legen. Ein Brettchen darauflegen und dieses mit Konservendosen oder Ähnlichem beschweren. Tofu 2–3 Std. ruhen lassen, damit er möglichst viel Wasser verliert. Dann auswickeln und trocken tupfen. Knoblauch schälen und in einen Gefrierbeutel pressen. Darin mit Essig, Sojasauce, Öl und 2 Prisen Chiliflocken vermischen. Tofu in ca. 2 × 3 cm große Stücke schneiden, in den Beutel geben und in der Marinade wenden. Beutel verschließen und im Kühlschrank mind. 6 Std. (oder über Nacht) marinieren lassen.

2 Den Backofen auf 180° vorheizen, ein Backblech mit Backpapier auslegen. Tofu abtropfen lassen und sorgfältig trocken tupfen. Rundum mit Speisestärke bestäuben, auf dem Backpapier verteilen. Im heißen Ofen (Mitte) in 35–40 Min. knusprig braun backen, dabei mehrfach wenden. Herausnehmen und lauwarm oder ganz abkühlen lassen.

3 Inzwischen für den Salat Soba-Nudeln nach Packungsanweisung in Salzwasser nicht zu weich garen. Dann abgießen, gründlich kalt abspülen und abtropfen lassen. Den Sesam in einer Pfanne ohne Fett rösten, bis er duftet, dann herausnehmen und abkühlen lassen.

4 Gurke waschen, putzen, längs vierteln und die Viertel in etwas dickere Scheiben schneiden. Das Fruchtfleisch der Melone von der Schale schneiden und in etwa gleich große Stücke wie die Gurke schneiden, dabei die Kerne entfernen. Avocado halbieren, entkernen, schälen, das Fruchtfleisch klein würfeln und gleich in Zitronensaft wenden. Von den Frühlingszwiebeln die Wurzelansätze und die welken grünen Teile abschneiden. Frühlingszwiebeln waschen und samt Grün in feine Ringe schneiden. Koriandergrün waschen, trocken schütteln, Blätter abzupfen und grob hacken.

5 Den Ingwer schälen und sehr fein würfeln. Mit dem Essig, Sojasauce und Ahornsirup gründlich verrühren, dann das Öl unterschlagen. Das Dressing vorsichtig unter Soba-Nudeln, Tofu, Gurke, Melone, Avocado, Frühlingszwiebeln und Koriandergrün mischen. Mit Salz und Pfeffer abschmecken und den Salat ca. 30 Min. ziehen lassen. Dann auf Schalen verteilen und mit geröstetem Sesam und 2 Prisen Chiliflocken bestreuen.

INFO

Die Zubereitung von Tofu im Ofen braucht etwas Zeit, macht den Tofu aber besonders knusprig. So hält er auch länger im Dressing durch.

OFEN-ROSENKOHL-SALAT MIT GRAUPEN

COMFORT FOOD

FÜR 2 PERSONEN
ZUBEREITUNGSZEIT: *50 Min.*
PRO PORTION: *ca. 565 kcal,*
17 g E, 28 g F, 60 g KH

FÜR DIE GRAUPEN:
100 g Perlgraupen
Salz
½ Bio-Zitrone
3 TL Dijon-Senf
1 EL Olivenöl
1 EL Ahornsirup
Cayennepfeffer
2 EL getrocknete entsteinte
  Sauerkirschen
2 EL Pekannusskerne

FÜR DEN ROSENKOHL:
500 g Rosenkohl
2 rote Zwiebeln
2 EL Olivenöl
1 EL Ahornsirup
Salz
Pfeffer
5 Zweige Thymian

1   Die Perlgraupen in ein feines Sieb geben und kalt abspülen. Graupen in einem Topf mit Salzwasser bedecken, aufkochen und nach Packungsanweisung zugedeckt in ca. 30 Min. bissfest garen.

2   Inzwischen den Backofen auf 200° vorheizen. Rosenkohl waschen, von Stielansätzen und welken Blättern befreien. Rosenkohl längs halbieren. Die Zwiebeln schälen, halbieren und in breitere Spalten schneiden. Öl mit Ahornsirup verrühren, salzen, pfeffern und sorgfältig mit dem Rosenkohl und den Zwiebeln vermengen. Ein Backblech mit Backpapier auslegen und die Rosenkohl-Zwiebel-Mischung darauf verteilen. Den Thymian waschen, trocken schütteln und auf den Rosenkohl geben. Das Gemüse im heißen Ofen (Mitte) ca. 25 Min. garen.

3   Inzwischen für das Dressing die Zitrone heiß waschen, trocken tupfen und die Schale fein abreiben. Zitrone auspressen und 1 EL Zitronensaft mit dem Zitronenabrieb, Senf, Olivenöl und Ahornsirup verquirlen. Mit Salz und Cayennepfeffer abschmecken. Sauerkirschen grob hacken und in einer Salatschüssel mit dem Dressing verrühren. Pekannüsse in einer Pfanne ohne Fett rösten, etwas salzen und grob hacken. Graupen abgießen, gut abtropfen lassen und noch warm unter das Dressing mischen. Rosenkohl aus dem Ofen nehmen, Thymian entfernen. Rosenkohl und Zwiebeln unter die Graupen mischen. Pekannusskerne über den Salat streuen. Lauwarm servieren.

TIPPS

Der Salat schmeckt auch mit Roter Bete, Möhren, Pastinaken oder anderen Kohlsorten wie Wirsing, Brokkoli oder Schwarzkohl. Rote Bete braucht in Spalten geschnitten ca. 45 Min. Garzeit im Ofen, Möhren und Pastinaken gut 30 Min., die anderen Kohlsorten etwa so lange wie der Rosenkohl. Statt Graupen passen auch Couscous, Bulgur oder Reis.

+ MEAT

Gebratene, scharfe Lammbratwürstchen (Merguez) dazu servieren.

NO MEAT

THAI-GEMÜSENUDELSALAT MIT PIKANTEM HACKFLEISCH

FÜR 2 PERSONEN
ZUBEREITUNGSZEIT: *45 Min.*
PRO PORTION: *ca. 600 kcal,*
29 g E, 29 g F, 53 g KH

FÜR DEN SALAT:

½ *rote Chilischote*
5 *EL Limettensaft*
1 ½ *EL Weißweinessig*
2 *TL brauner Zucker*
4 *EL Fischsauce*
80 *g breite Reisnudeln*
    (Asienladen)
1 *dicke Möhre*
½ *Salatgurke*
2 *Stangen Staudensellerie*
1 *Römersalatherz*
2 *Frühlingszwiebeln*
2 *Stängel Thai-Basilikum*
¼ *Bund Koriandergrün*
2 *EL geröstete gesalzene*
    Erdnusskerne

FÜR DAS HACKFLEISCH:

1 *Knoblauchzehe*
½ *rote Chilischote*
5 *Kaffir-Limettenblätter*
    (Asienladen)
2 *EL Olivenöl*
150 *g Rinderhackfleisch*
1 *TL Tomatenmark*
2 *EL Sojasauce*
Salz
Pfeffer

1 **Für den Salat** Chilischote halbieren, Kerne und Stiel entfernen, die Hälften waschen und quer in sehr feine Streifen schneiden. Limettensaft, Essig, Zucker und Fischsauce verrühren, bis sich der Zucker auflöst. Dann 75 ml kaltes Wasser und Chilistreifen unterrühren, das Dressing bis zur Weiterverarbeitung durchziehen lassen.

2 **Die Reisnudeln** nach Packungsanweisung in Wasser bissfest garen. Abgießen, kalt abspülen und abtropfen lassen. Möhre mit einer Gemüsebürste unter fließendem Wasser gründlich waschen und putzen, Gurke waschen und putzen. Beides mit dem Spiralschneider in lange, schmale Streifen (Gemüsenudeln) schneiden. Sellerie waschen, putzen und die Stangen schräg in dünne Scheiben schneiden. Römersalatherz putzen, in einzelne Blätter teilen, waschen, trocken schleudern und quer in Streifen schneiden.

3 **Von den Frühlingszwiebeln** die Wurzelansätze und die welken grünen Teile abschneiden, die Frühlingszwiebeln waschen. Die weißen und die grünen Teile getrennt voneinander in feine Ringe schneiden. Die Kräuter waschen und trocken schütteln, die Blättchen grob zerzupfen. Die Erdnusskerne grob hacken. Nudeln und Gemüsenudeln auf zwei große Schalen oder tiefe Teller verteilen. Sellerie und Salat dazugeben.

4 **Für das Hackfleisch** den Knoblauch schälen und fein würfeln. Die Chilischote halbieren, Kerne und Stiel entfernen, die Hälften waschen und fein würfeln. Kaffir-Limettenblätter waschen, Mittelrippen herausschneiden. Die Blatthälften quer in feine Streifen schneiden und fein hacken.

5 **Öl in einer Pfanne erhitzen,** die weißen Frühlingszwiebelringe und den Knoblauch darin andünsten. Chili, Limettenblätter und Hackfleisch zugeben, bei großer Hitze krümelig braten. Das Tomatenmark unterrühren und kurz mitrösten, mit Sojasauce und 1–2 EL Wasser ablöschen. Unter Rühren bei mittlerer Hitze weiterbraten, bis die Flüssigkeit verdunstet ist. Nach Belieben mit Salz und Pfeffer abschmecken. Etwas abkühlen lassen und das warme Hackfleisch auf den Salat geben. Das Frühlingszwiebelgrün, die Erdnüsse und die Kräuter darüberstreuen. Das Dressing darübergießen und direkt vor dem Essen alle Zutaten miteinander vermengen.

1 TOPF UND 1 PFANNE

Bowls, Suppen, Currys,
Noodles & Zoodles und tolle
Pfannengerichte

MÖHRENSUPPE MIT MÖHRENGRÜN-PESTO

AUSTAUSCH-BAR:

*Anstelle von Quinoa geröstete
Kichererbsen (siehe S. 150)
auf die Suppe streuen.*

FÜR 2 PERSONEN
ZUBEREITUNGSZEIT: *50 Min.*
PRO PORTION: *ca. 1.185 kcal,*
21 g E, 89 g F, 70 g KH

FÜR DIE SUPPE:

50 g bunte Quinoa (weiß-rot-
  schwarze Mischung)
Salz
250 g (Bund-)Möhren mit Grün
1 große Süßkartoffel (ca. 350 g)
1 Zwiebel
1 Stück Ingwer (ca. 2 cm lang)
2 EL Olivenöl
1 Bio-Orange
1 TL Currypulver
750 ml Gemüsebrühe
Pfeffer
50 g Sahne
Limettensaft

FÜR DAS PESTO:

1 Bund Möhrengrün (siehe
  Suppen-Zutaten)
3 EL Sesam
1 Knoblauchzehe
50 g geröstete gesalzene Mandeln
2 EL Limettensaft
80 ml Olivenöl
½ TL gemahlener Kreuzkümmel
Salz
Pfeffer
Chiliflocken (nach Belieben)

1 Für die Suppe die Quinoa in ein feines Sieb geben und mit heißem Wasser gründlich abspülen, um die Bitterstoffe auszuwaschen. In einem kleinen Topf 90 ml Wasser aufkochen, salzen und die Quinoa hineingeben. Einmal aufkochen lassen, dann bei kleiner Hitze 20–25 Min. quellen lassen. Ist noch Flüssigkeit vorhanden, weitere 5–10 Min. ohne Hitze ausquellen lassen. Dann zugedeckt warm halten.

2 Inzwischen die Möhren mit einer Gemüsebürste unter fließendem Wasser gründlich waschen, putzen und das Möhrengrün beiseitelegen. Möhren in Scheiben schneiden. Süßkartoffel schälen, waschen und in ca. 1 cm große Würfel schneiden. Die Zwiebel schälen und klein würfeln, Ingwer schälen und fein hacken. Das Öl in einem Topf erhitzen und die Zwiebel darin goldgelb andünsten. Möhren und Süßkartoffel zugeben und unter gelegentlichem Rühren bei kleiner bis mittlerer Hitze 5–6 Min. andünsten, den Ingwer gegen Garzeitende 1–2 Min. mitdünsten.

3 Währenddessen die Orange heiß waschen, trocken tupfen, die Schale fein abreiben und den Saft auspressen. Currypulver über das angedünstete Gemüse geben und kurz mitrösten, dann den ausgepressten Orangensaft und die Gemüsebrühe zugießen. Mit Salz, Pfeffer und 1–2 Msp. Orangenabrieb würzen und die Suppe zugedeckt in 15–20 Min. fertig garen.

4 Inzwischen für das Pesto das Möhrengrün waschen und gut trocken schütteln. Die groben Stiele entfernen und die zarten Spitzen abzupfen (60–70 g). Sesam in einer Pfanne ohne Fett rösten, bis er duftet und leicht knistert, dann vom Herd nehmen und abkühlen lassen. Knoblauch schälen und grob hacken. Mit Möhrengrün, 2 EL abgekühltem Sesam, Mandeln und Limettensaft in einem Hochleistungsmixer pürieren. Dabei nach und nach so viel Olivenöl zugießen, bis die gewünschte Konsistenz erreicht ist. Das Pesto mit Kreuzkümmel, Salz, Pfeffer und Chiliflocken würzen.

5 Die Sahne in die Suppe geben und alles fein pürieren. Mit 2 Spritzern Limettensaft abschmecken. Die Suppe auf Teller verteilen, Quinoa daraufgeben, das Pesto ringsherum träufeln und den übrigen Sesam über die Suppe streuen. Nach Belieben mit etwas Orangenabrieb garnieren.

PINKFARBENE KOHLSUPPE MIT HACKBÄLLCHEN

WINTERLICHER SATTMACHER

FÜR 4 PERSONEN
ZUBEREITUNGSZEIT: *50 Min.*
PRO PORTION: *ca. 975 kcal,*
40 g E, 70 g F, 39 g KH

FÜR DIE SUPPE:
200 g Rotkohl
100 g Rosenkohl
1 kleine Möhre
100 g Knollensellerie
50 g Lauch (der grüne Teil)
1 Stück Ingwer (ca. 2 cm lang)
1 kleine rote Chilischote
2 EL Olivenöl
1 l Gemüsebrühe
2 Sternanis
½ Stange Zimt
2 EL Weißweinessig
60 g ausgelöste TK-Edamame-
  Bohnenkerne
1 kleine Handvoll Rote-Bete-
  Sprossen, ersatzweise
  Mungobohnensprossen

FÜR DIE HACKBÄLLCHEN:
1 Stück Ingwer (ca. 3 cm lang)
1 Knoblauchzehe
2 Schalotten
6 EL Öl
250 g gemischtes Hackfleisch
1 Ei (S)
4 EL Semmelbrösel
1 Bund Schnittlauch
Salz
Pfeffer

1 Für die Suppe vom Rotkohl die unschönen Blätter abtrennen, Kohl waschen, Strunk keilförmig herausschneiden. Rotkohl in 3–4 mm schmale, nicht zu lange Streifen schneiden. Rosenkohl waschen, von Stielansätzen und welken Blättern befreien und längs halbieren. Möhre mit einer Gemüsebürste unter fließendem Wasser gründlich waschen und putzen, Sellerie putzen und schälen. Möhre in Scheiben, Sellerie in ca. 1 cm große Stücke schneiden. Lauch putzen, längs vierteln, waschen und die Viertel in ca. 5 mm breite Stücke schneiden. Ingwer schälen und in Scheiben schneiden, Chilischote waschen und ringsum mit einer Messerspitze mehrfach einstechen.

2 Olivenöl in einem Suppentopf erhitzen, Lauch und Sellerie darin andünsten. Mit der Gemüsebrühe ablöschen und Rotkohl, Rosenkohl und Möhre hineingeben. Anis, Zimt und Ingwerstücke in ein Gewürzsieb geben, dieses verschließen und mit der Chilischote und dem Essig in die Suppe geben. Alles zugedeckt 25–30 Min. bei kleiner Hitze garen, dabei gut 10 Min. vor Garzeitende die gefrorenen Edamame-Bohnenkerne unterrühren.

3 Inzwischen für die Hackbällchen Ingwer, Knoblauch und Schalotten schälen und fein würfeln. 2 EL Öl in einer beschichteten Pfanne erhitzen, die Schalotten und den Knoblauch goldgelb darin andünsten. Den Ingwer unterrühren und kurz mitdünsten, dann alles zum Hackfleisch in eine Schüssel geben. Ei und Semmelbrösel hinzufügen. Den Schnittlauch waschen, trocken schütteln, in Röllchen schneiden und zwei Drittel davon zum Hackfleisch geben. Alles gründlich verkneten, kräftig salzen und pfeffern und ca. 20 walnussgroße Bällchen aus der Masse formen.

4 4 EL Öl in einer beschichteten Pfanne erhitzen. Die Hackbällchen darin bei mittlerer Hitze rundum braun braten. Herausnehmen, auf Küchenpapier abtropfen lassen und warm halten. Die Sprossen in einem Sieb kalt abbrausen und trocken tupfen. Das Gewürzsieb und die Chilischote aus der Suppe nehmen. Die Suppe auf Teller verteilen und die Hackbällchen daraufgeben. Mit den Sprossen und dem übrigen Schnittlauch bestreuen und servieren.

- MEAT

Anstelle der Hackbällchen 70 g getrocknete Mungobohnen ca. 4 Std. in Wasser einweichen und in 400 ml Gemüsebrühe 20–30 Min. nicht zu weich garen. In die fertige Suppe geben.

BLACK-AND-WHITE-WURZELSUPPE MIT LINSEN

FÜR 2 PERSONEN
ZUBEREITUNGSZEIT: *45 Min.*
PRO PORTION: *ca. 630 kcal,*
18 g E, 32 g F, 62 g KH

FÜR DIE SUPPE:
120 g Pastinaken
120 g Petersilienwurzel
200 g Knollensellerie
1 mehligkochende Kartoffel
  (ca. 120 g)
2 EL Butter
120 ml Apfelsaft
400 ml Gemüsebrühe
2 Zweige Thymian
50 g Sahne
Salz
Pfeffer
1 EL Zitronensaft

FÜR DIE KARTOFFELCHIPS:
2 violette Kartoffeln (à ca. 70 g,
  ersatzweise festkochende
  Kartoffeln)
1 EL Olivenöl
Salz

FÜR DIE LINSEN:
100 g Beluga-Linsen
Salz
1 EL Haselnussöl (ersatzweise
  Walnussöl)
Weißweinessig

1 **Für die Kartoffelchips** die Kartoffeln mit einer Gemüsebürste unter fließendem Wasser gründlich waschen, nach Belieben schälen und in feine Scheiben hobeln. In einem Sieb kalt abspülen und abtropfen lassen.

2 **Für die Suppe** die Pastinaken, die Petersilienwurzel, den Sellerie und die Kartoffel schälen, putzen, waschen und alles in 1–1,5 cm große Würfel schneiden. Die Butter in einem Topf erhitzen. Pastinaken, Petersilienwurzel und Sellerie darin anschwitzen, ohne das Gemüse zu bräunen. Mit dem Apfelsaft und der Gemüsebrühe ablöschen, die Kartoffel zugeben und alles zugedeckt bei kleiner Hitze ca. 25 Min. garen.

3 **Inzwischen die Linsen** in einem Sieb kalt abspülen, abtropfen lassen und in einem Topf mit 400 ml Wasser aufkochen. Bei mittlerer Hitze ebenfalls ca. 25 Min. garen, sodass sie weich sind, aber noch Biss haben und nicht zerfallen. Gegen Garzeitende salzen.

4 **Währenddessen den Backofen** auf 220° vorheizen. Die Kartoffelscheiben für die Chips trocken tupfen und gründlich mit dem Olivenöl vermischen. Ein Backblech mit Backpapier auslegen. Die Kartoffelscheiben so darauf verteilen, dass sie nicht übereinanderliegen. Ganz leicht salzen und im heißen Ofen (Mitte) in 10–12 Min. knusprig braun backen, dabei nach 5–6 Min. wenden. Abkühlen lassen.

5 **Thymian waschen,** trocken schütteln, Blättchen abzupfen und grob hacken. Die Sahne zur Suppe geben und heiß werden lassen, mit Salz, Pfeffer und Zitronensaft abschmecken. Die Suppe mit dem Pürierstab fein pürieren. Sie sollte eher dick sein, bei Bedarf noch etwas heißes Wasser oder Brühe zugießen. Die Linsen abgießen und abtropfen lassen, mit dem Haselnussöl und 2 Spritzern Essig mischen. Die Suppe auf zwei Teller verteilen, jeweils die Hälfte der Linsen und eine gute Handvoll Chips daraufgeben. Mit Thymian bestreuen und servieren.

AUSTAUSCH-
BAR:

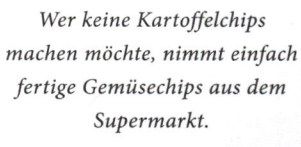

*Wer keine Kartoffelchips
machen möchte, nimmt einfach
fertige Gemüsechips aus dem
Supermarkt.*

IN DIESE SUPPE KOMMT NUR EINE KARTOFFEL FÜR DIE SÄMIGKEIT – DAFÜR
GIBT'S KARTOFFELN EXTRA OBENDRAUF, DIE FÜR ZUSÄTZLICHEN CRUNCH
SORGEN: IN FORM VON KNUSPRIGEN CHIPS, AM BESTEN IN EDLEM VIOLETT.

1 TOPF UND 1 PFANNE

HOT GAZPACHO
AUS OFENGEMÜSE

FÜR 2 PERSONEN
ZUBEREITUNGSZEIT: *50 Min.*
PRO PORTION: *ca. 535 kcal,*
13 g E, 38 g F, 30 g KH

FÜR DIE SUPPE:

3 rote Paprika
250 g Kirschtomaten
1 rote Zwiebel
1 Knoblauchzehe
2 Zweige Thymian
3 EL Olivenöl
2 EL Rotweinessig
⅓ TL Zucker
Salz
Pfeffer
400 ml Gemüsebrühe (ersatz-
 weise Gemüsefond aus dem
 Glas)
¾ TL gemahlener Kreuzkümmel
⅓ TL Harissa (scharfe Würz-
 paste)

FÜR DIE EINLAGE:

1 Ei
2 Scheiben Weißbrot (ersatz-
 weise Toast)
1 Knoblauchzehe
2 EL Olivenöl
1 Stück Salatgurke
 (ca. 7 cm lang)
2 EL geröstete gesalzene
 Mandeln
Olivenöl zum Beträufeln
 (nach Belieben)

1 **Den Backofen** auf 200° vorheizen. Für die Suppe die Paprikaschoten halbieren und putzen, dabei weiße Trennwände und Kerne entfernen. Die Paprikahälften waschen und in ca. 3 cm große Stücke schneiden. Kirschtomaten waschen und halbieren. Zwiebel schälen, längs in acht Scheiben schneiden und diese gut voneinander lösen. Knoblauch schälen und in Scheiben schneiden. Thymian waschen, trocken schütteln, Blätter abzupfen und grob hacken. Alles mit dem Olivenöl in einer ofenfesten Form vermischen, mit 1 EL Essig beträufeln und mit Zucker bestreuen, salzen und pfeffern. Im heißen Ofen (Mitte) 35–40 Min. garen, bis das Gemüse weich und leicht gebräunt ist, dabei einmal mit einem Löffel durchmischen.

2 **Inzwischen für die Einlage** das Ei in kochendem Wasser ca. 10 Min. garen, kalt abschrecken und abkühlen lassen. Brot in mundgerechte Würfel schneiden, Knoblauch schälen. Öl in einer kleinen, beschichteten Pfanne erhitzen, Knoblauch hineinpressen. Brot untermengen und bei mittlerer Hitze rundum goldgelb rösten. Auf Küchenpapier abtropfen lassen. Gurke schälen, längs halbieren, Kerne herauskratzen und die Gurke klein würfeln. Mandeln grob hacken, das abgekühlte Ei pellen, halbieren und klein würfeln.

3 **Die Gemüsebrühe** in einem Topf erhitzen. Das Ofengemüse aus dem Ofen nehmen und in einen Mixbecher geben. Eine Schöpfkelle heiße Brühe abnehmen und mit dem Gemüse fein pürieren. Das Püree in den Topf mit der heißen Brühe geben und alles erhitzen, bei Bedarf noch etwas Wasser zugießen. Mit Kreuzkümmel und Harissa würzen, mit Salz, Pfeffer und nach Geschmack mit dem übrigen Essig abschmecken. Die Suppe auf Teller verteilen und nach Belieben mit etwas Olivenöl beträufeln. Mit Brot-, Gurken-, Eierwürfeln und Mandeln bestreuen und gleich servieren.

+ MEAT

Statt dem Ei 100 g Chorizo (scharfe spanische Paprikawurst) klein würfeln, in einer beschichteten Pfanne ohne Fett bei mittlerer Hitze anbraten und auf die Suppe geben. Nach Belieben das ausgetretene Bratfett anstelle des Olivenöls über die Suppe träufeln.

GOLDEN VEGGIE-SOUP MIT GRÜNKOHLCHIPS

MIT GESUNDHEITSPLUS

FÜR 2 PERSONEN
ZUBEREITUNGSZEIT: *50 Min.*
PRO PORTION: *ca. 355 kcal,*
13 g E, 20 g F, 26 g KH

FÜR DIE GRÜNKOHLCHIPS:
120 g Grünkohl
1 EL Olivenöl
Salz
Pfeffer

FÜR DIE SUPPE:
1 Möhre
1 kleine Steckrübe (ca. 450 g)
1 Stange Staudensellerie
1 Knoblauchzehe
30 g frische Kurkumawurzel
    (ersatzweise 1 TL gemahlene
    Kurkuma)
1 Stück Ingwer (ca. 3 cm lang)
1 ½ EL Olivenöl
450 ml Gemüsebrühe (ersatz-
    weise Hühnerbrühe)
Salz
Pfeffer

FÜR DIE POCHIERTEN EIER:
3 EL Weißweinessig
2 Eier (M)

1 **Den Backofen** auf 200° vorheizen. Für die Grünkohlchips den Grün-kohl putzen, waschen und gründlich trocken tupfen. Blätter von den dicken Blattrippen streifen und dabei etwas kleiner zupfen. Auf ein mit Backpapier ausgelegtes Blech geben. Olivenöl darüberträufeln und mit den Händen in den Kohl einmassieren, dann leicht salzen und pfeffern. Im heißen Ofen (Mitte) in 10–15 Min. knusprig backen, dabei einmal wenden und aufpassen, dass die Chips nicht zu dunkel werden. Herausnehmen und abkühlen lassen.

2 **Inzwischen für die Suppe** die Möhre mit einer Gemüsebürste unter fließendem Wasser gründlich waschen, putzen und in dünne Scheiben schneiden. Steckrübe schälen, putzen, in ca. 1 cm große Würfel schneiden. Sellerie waschen, putzen, längs halbieren und klein würfeln. Knoblauch, Kurkumawurzel und Ingwer schälen, grob zerkleinern und alles im Mörser zu einem möglichst feinen Brei zerdrücken. Öl in einem Topf erhitzen. Möhre, Steckrübe und Sellerie unter Rühren 2–3 Min. darin andünsten. Die Kurkuma-Mischung kurz mitbraten, Gemüsebrühe dazugießen und alles zugedeckt 20–25 Min. bei kleiner Hitze garen. Salzen und pfeffern.

3 **Währenddessen** für die pochierten Eier 1,5 l Wasser in einem breiten, flachen Topf zum Kochen bringen und den Essig hineingeben. Die Eier in jeweils eine Tasse aufschlagen, sodass das Eigelb ganz bleibt. Die Hitze reduzieren und die Eier nacheinander zügig, aber vorsichtig in das siedende Wasser gleiten lassen. Dann sofort die Eiweiße mit jeweils einem Esslöffel immer wieder um das jeweils zugehörige Eigelb herum formen, damit die pochierten Eier rundlich werden. Die Eier in ca. 4 Min. fertig pochieren, bis sie fest sind, und mit einem Schaumlöffel herausheben. Die Suppe auf Scha-len verteilen und je ein pochiertes Ei daraufgeben. Die Grünkohlchips nach Belieben leicht zerbröseln und darüberstreuen. Gleich servieren.

EINE »GOLDEN MILK« MIT FRISCHER KURKUMAWURZEL IST DIE NEUE CHAI
LATTE. WARUM DAS EIN PRIMA TREND IST? WEIL DAS LEUCHTEND GELB
FÄRBENDE GEWÜRZ EIN NATÜRLICHER, GESUNDER HAPPYMAKER IST!

1 TOPF UND 1 PFANNE

GEMÜSE-RAMEN MIT HUHN

RAMEN-NUDELN	1
HÄHNCHENBRUSTFILETS	2
MARINIERTE EIER *siehe S. 93*	3
SESAM-SPINAT *siehe S. 121*	4
RADIESCHENKRESSE	5
CHILI-PILZE *siehe S. 93*	6
RADIESCHENSCHEIBEN	7
ASIA-GEMÜSEBRÜHE *siehe S. 92*	8
FRÜHLINGSZWIEBELRINGE	9
GERÖSTETER SESAM	10

AUSTAUSCH-BAR:

Als Auflage für die Nudeln passt anstelle des Hühnerfleischs auch 150 g in Würfel geschnittener, fester Seidentofu. Als Gemüse schmecken alternativ die Teriyaki-Süßkartoffeln (siehe S. 146) oder die Kokos-Bohnen (siehe S. 120).

KENNEN SIE »RAMEN«? IN JAPANISCHEN »RA-MEN-BARS« SIND DIE KÖSTLICHEN NUDELSUP-PEN SCHON LANGE DER HIT. DER TREND ZU DEN RUNDUM GESUNDEN SATTMACHERN SCHWAPPT NUN LANGSAM, ABER SICHER ÜBER NIPPONS SUPPENSCHALEN IN DEN REST DER WELT.

Was Ramen ausmacht

Eine kräftig gewürzte Brühe, japanische Nudeln und eine gut aufeinander abgestimmte Mischung aus viel Gemüse – am besten roh und gegart – und auch mal Fleisch oder Fisch.

Wie's funktioniert

Für 2 Portionen 600 ml Asia-Brühe (siehe S. 92) erhitzen, 150 g Hähnchenbrustfilet in feine Scheiben schneiden und in der Brühe bei kleiner Hitze in 12–15 Min. gar ziehen lassen. Gleichzeitig 180 g Ramen-Nudeln (Asienladen) nach Packungsanweisung garen, in ein Sieb abgießen und abtropfen lassen. Inzwischen 4 Radieschen waschen, putzen und in Scheiben schneiden. 1 Frühlingszwiebel putzen, waschen und mitsamt Grün in feine Ringe schneiden. 1 Beet Radieschenkresse waschen, trocken schütteln und vom Beet schneiden. 2 marinierte Eier (siehe S. 93) längs halbieren. 1 TL Sesam in einer Pfanne ohne Fett rösten.

Anrichten

Die Nudeln auf zwei Schalen verteilen. Das Fleisch aus der Brühe nehmen und mit dem Sesam-Spinat (siehe S. 121), den Chili-Pilzen (siehe S. 93) und den Radieschen als kleine Häufchen nebeneinander auf den Nudeln verteilen. Jeweils ein halbiertes Ei dazulegen. Die heiße Asia-Brühe über alles gießen. Die Radieschenkresse, den Sesam und die Frühlingszwiebeln darüberstreuen. Die Suppe heiß servieren. Wer mag, rührt noch 1 EL Misopaste unter die heiße Brühe, bevor sie über die Nudeln gegossen wird.

GEMÜSEBRÜHE MIT ASIA-TOUCH

FÜR CA. 1,2 L
ZUBEREITUNGSZEIT: *25 Min.*
GARZEIT: *45 Min.*
PRO 600 ML: *ca. 255 kcal,*
8 g E, 11 g F, 35 g KH

5 Stangen Staudensellerie
2 Möhren
120 g weißer Rettich
1 kleine Stange Lauch
1 große Zwiebel
1 Knoblauchzehe
50 g Ingwer
1 rote Chilischote
½ Bund Koriandergrün (möglichst
    mit Wurzeln)
2 EL Sonnenblumenöl
2 Sternanis
6 getrocknete Shiitake (Pilze)
Salz
Pfeffer
2 EL Sojasauce (nach Belieben)

1 Staudensellerie waschen, putzen und in dünne Scheiben schneiden. Möhren und Rettich mit einer Gemüsebürste unter fließendem Wasser gründlich waschen, dann putzen. Möhren in schmale Scheiben, Rettich in größere Stücke schneiden. Lauch waschen, putzen und in feine Ringe schneiden. Zwiebel, Knoblauch und Ingwer schälen. Zwiebel in Ringe, Knoblauch in Scheiben schneiden und den Ingwer im Mörser etwas anquetschen. Chili waschen und ringsum mit einer Messerspitze mehrfach einstechen. Koriandergrün waschen und trocken schütteln. Wurzeln abschneiden und mit einer Gemüsebürste gründlich säubern.

2 Öl in einem Topf erhitzen und die Zwiebel darin bräunen lassen. Knoblauch, Möhren, Lauch und Sellerie zugeben und unter Rühren 2–3 Min. anbraten. Dann 1,4 l Wasser zugießen und Rettich, Ingwer, Chili, Korianderwurzeln, Sternanis und Pilze zugeben. Die Brühe bei kleiner Hitze zugedeckt ca. 45 Min. köcheln lassen, dabei während der letzten 15 Min. das Koriandergrün mitkochen.

3 Die Brühe durch ein feines Sieb gießen und auffangen, das Gemüse leicht ausdrücken. Brühe wieder in den Topf geben und nochmals zum Kochen bringen. Bei großer Hitze etwa um ein Fünftel einkochen lassen. Sparsam mit Salz, Pfeffer und nach Belieben mit Sojasauce würzen.

TIPP

Übrig gebliebene Brühe lässt sich prima einfrieren, z. B. in Form von Eiswürfeln, die man bei Bedarf portionsweise auf die Schnelle zum Würzen verwenden kann. Und wenn's mal nicht asiatisch sein soll: Den Rettich durch 1 kleine Fenchelknolle oder 1 Wurzelpetersilie ersetzen und statt der Shiitake 2 EL getrocknete Steinpilze verwenden. Ingwer, Chili, Koriandergrün und Sternanis weglassen und dafür 3 Zweige Thymian und ¼ TL weißen Pfeffer zum Würzen verwenden.

CHILI-PILZE

FÜR 2 PORTIONEN
ZUBEREITUNGSZEIT: *20 Min.*
PRO PORTION: *ca. 145 kcal, 4 g E, 13 g F, 3 g KH*

250 g braune Champignons
1 kleine Knoblauchzehe
2 EL Sonnenblumenöl
2 EL Sojasauce
Chiliflocken
1 TL geröstetes Sesamöl
1 Frühlingszwiebel (nach Belieben)

Die Pilze mit einem Küchenpapier sauber abreiben, putzen und längs in ca. 3 mm dicke Scheiben schneiden. Den Knoblauch schälen und in dünne Scheiben schneiden. Das Öl in einer kleinen, beschichteten Pfanne erhitzen. Knoblauch und Pilze bei großer Hitze darin braten, bis sie bräunen. Mit Sojasauce ablöschen und mit 2 Prisen Chiliflocken würzen. Bei mittlerer Hitze weiterbraten, bis die Flüssigkeit verdunstet ist. Vom Herd nehmen und abkühlen lassen, dann Sesamöl untermengen. Von der Frühlingszwiebel Wurzelansätze und welke grüne Teile abschneiden. Frühlingszwiebel waschen, samt Grün in feine Ringe schneiden und unter die Pilze mischen.

MARINIERTE EIER

FÜR 4 PORTIONEN
ZUBEREITUNGSZEIT: *15 Min.*
MARINIERZEIT: *12 Std.*
PRO PORTION: *ca. 355 kcal, 10 g E, 6 g F, 47 g KH*

250 ml Sake (Reiswein; Asienladen)
125 ml Sojasauce
125 ml Mirin (süßer Reiswein; Asienladen)
100 g Zucker
4 zimmerwarme Eier

1   Für die Marinade Sake, Sojasauce, Mirin und Zucker in einem kleinen Topf unter Rühren zum Kochen bringen, bis sich der Zucker aufgelöst hat. Vom Herd nehmen und beiseitestellen.

2   In einem kleinen Topf Wasser zum Kochen bringen. Die Eier jeweils an der runden Seite anpiksen, damit die Schale beim Kochen nicht platzt. Dann die Eier in das kochende Wasser geben und die Hitze gleich reduzieren (das Wasser sollte nur leicht köcheln). Die Eier möglichst exakt 6 Min. offen garen, dann aus dem Wasser herausnehmen und gleich in kaltem Wasser abschrecken.

3   Eier vorsichtig pellen (das Eiweiß ist noch sehr weich) und in einer möglichst kleinen Schüssel nebeneinanderlegen. Marinade darübergießen und die Eier zugedeckt im Kühlschrank mind. 4 Std., höchstens 12 Std. marinieren lassen. Dabei gelegentlich wenden, damit sie gleichmäßig Farbe annehmen. Die Eier sind gekühlt ca. 5 Tage haltbar.

CORN-CHOWDER MIT SPINAT

FÜR 2 PERSONEN
ZUBEREITUNGSZEIT: *50 Min.*
PRO PORTION: *ca. 490 kcal,*
12 g E, 20 g F, 66 g KH

2 Maiskolben (à ca. 200 g;
*   ohne Hüllblätter)*
60 g Lauch
1 Stange Staudensellerie
1 mehligkochende Kartoffel
*   (ca. 100 g)*
1 Zwiebel
1 Knoblauchzehe
2 Zweige Thymian
2 EL Sonnenblumenöl
1 TL körniger Senf
400 ml Mandeldrink (ersatz-
*   weise fettarme Milch)*
Salz
Pfeffer
120 g Blattspinat
Zitronensaft

1   Die Maiskolben waschen und die Maiskörner mit einem großen, scharfen Messer längs von der Spitze nach unten vom Kolben schneiden. Den Lauch waschen, putzen, längs vierteln und die Viertel quer in feine Streifen schneiden. Den Staudensellerie waschen und putzen, dabei das Grün beiseitelegen. Die Selleriestange längs halbieren und in kleine Stücke schneiden. Die Kartoffel schälen, waschen und in ca. 0,5 cm große Würfel schneiden. Zwiebel und Knoblauch schälen und fein würfeln. Thymian waschen, trocken schütteln, die Blättchen abzupfen und fein hacken.

2   Das Sonnenblumenöl in einem größeren Topf erhitzen, Zwiebel und Knoblauch darin glasig andünsten. Dann Lauch und Sellerie zugeben und bei mittlerer bis großer Hitze anbraten und leicht bräunen lassen. Thymian und Senf unterrühren, dann Mandeldrink, Kartoffel und Mais zugeben, salzen und pfeffern. Die Suppe zugedeckt bei mittlerer Hitze ca. 30 Min. garen.

3   Inzwischen den Spinat verlesen und putzen, dabei die groben Stiele entfernen. Spinat waschen und trocken schleudern. Die Blätter zu Büscheln bündeln und in ca. 2 cm breite Streifen schneiden. Selleriegrün fein schneiden. Spinat unter die Suppe rühren und zugedeckt in 3–5 Min. zusammenfallen lassen. Mit Salz, Pfeffer und 1–2 Spritzern Zitronensaft abschmecken. Die Suppe auf Teller verteilen und mit etwas Selleriegrün bestreuen.

+ MEAT

Die Suppe schmeckt auch sehr gut mit geräuchertem, grob zerzupftem Fisch (z. B. Heilbutt) als Einlage oder Topping. Wer's lieber deftig mag: einige Scheiben Frühstücksspeck kross anbraten, auf Küchenpapier abtropfen lassen und in Stücke gebrochen auf die Suppe geben.

NO MEAT

GRÜNES RISOTTO MIT PILZEN

FÜR 2 PERSONEN
ZUBEREITUNGSZEIT: *45 Min.*
PRO PORTION: *ca. 575 kcal,*
21 g E, 25 g F, 56 g KH

200 g Blattspinat
1 kleine Zwiebel
3 EL Olivenöl
125 g Risotto-Reis (z. B. Arborio,
*   Carnaroli)*
100 ml trockener Weißwein
Salz
400 g Pilze (z. B. Champignons,
*   Pfifferlinge, Austernpilze*
*   oder eine Mischung)*
1 Knoblauchzehe
Pfeffer
1 TL helles Mandelmus
frisch geriebene Muskatnuss
50 g Parmesan

1 **Den Spinat verlesen** und putzen, dabei grobe Stiele entfernen. Spinat waschen, trocken schleudern und grob hacken. Mit 100 ml Wasser in eine Pfanne oder einen weiten Topf geben, erhitzen und zugedeckt in 1–2 Min. zusammenfallen lassen. Den Spinat mitsamt der Flüssigkeit in einen hohen Rührbecher geben und fein pürieren. Mit 300 ml Wasser verrühren.

2 **Die Zwiebel schälen** und fein würfeln. 1 EL Olivenöl in einem Topf erhitzen und die Zwiebel 2–3 Min. unter Rühren darin anschwitzen. Dann den Reis dazugeben und unter Rühren leicht glasig andünsten. Den Wein angießen, alles aufkochen und bei mittlerer Hitze die Flüssigkeit unter gelegentlichem Rühren fast ganz verkochen lassen. Dann das Spinatpüree dazugießen und salzen. Das Risotto ca. 18 Min. bei kleiner Hitze offen köcheln lassen, dabei immer wieder umrühren.

3 **Inzwischen die Pilze** mit einem Küchenpapier sauber abreiben, putzen und klein schneiden. Den Knoblauch schälen und fein würfeln. 2 EL Öl in einer beschichteten Pfanne erhitzen. Die Pilze hineingeben und bei starker Hitze unter Rühren ca. 5 Min. anbraten. Nach ca. 3 Min. den Knoblauch hinzufügen und mitbraten. Mit Salz und Pfeffer würzen.

4 **Das Mandelmus zum Risotto geben** und unterrühren. Das Risotto mit Salz, Pfeffer und Muskat abschmecken. Den Parmesan fein reiben und 1 EL Parmesan unter das Risotto rühren. Das Risotto in tiefen Tellern anrichten, Pilze darauf verteilen und mit dem übrigen Parmesan bestreuen.

+ MEAT

Statt der Pilze 2 kleine Lachsfilets mit Haut knusprig in einer Pfanne anbraten, mit Salz und Pfeffer würzen und auf dem Risotto anrichten.

BIBIMBAP-BOWL MIT BULGOGI-HACK, GEMÜSE UND DATTEL-CHILI-SAUCE

SUSHI-REIS	1
SESAM-SPINAT *siehe S. 121*	2
BULGOGI-HACK *siehe S. 101*	3
ROHE MÖHREN- UND GURKENSTIFTE	4
SPIEGELEI	5
DATTEL-CHILI-SAUCE *siehe S. 101*	6
CHILI-PILZE *siehe S. 93*	7
PIKANTE ZUCKERSCHOTEN *siehe S. 100*	8
KIMCHI *siehe S. 32*	9

DER KOREANISCHE KLASSIKER »BIBIMBAP« IST COMFORT FOOD VOM FEINSTEN, DABEI IST DIE ZUBEREITUNG GAR NICHT SCHWER UND LÄSST SICH AUCH GUT IN MEHREREN ETAPPEN ERLEDIGEN. AM ENDE EINFACH ALLE BESTANDTEILE ZUSAMMENSETZEN – UND GENIESSEN.

Das Prinzip

In einer Bowl (Schale) werden verschiedene Toppings auf Reis serviert. Immer dabei ist Kimchi, der chilischarf eingelegte koreanische Chinakohl. Dazu kommen verschiedene Gemüsesorten und nach Belieben Ei, Tofu, Tempeh, Fleisch oder Fisch und eine Sauce, die alles verbindet.

Die Basis

Für 2 Bowls 150 g Sushi-Reis mit kaltem Wasser abspülen, bis das Wasser klar bleibt. Reis mit 250 ml Wasser in einem Topf aufkochen, bei kleiner Hitze zugedeckt ca. 20 Min. garen. Bei Bedarf abgießen, wieder in den Topf geben und zugedeckt ohne Hitze ca. 5 Min. ziehen lassen. Den Reis auf zwei Schalen verteilen. In Korea wird der Rundkornreis ohne Salz gekocht. Sie können aber ebenso andere Reissorten verwenden (z. B. Reisreste vom Vortag) und nach Geschmack salzen.

Die Toppings

– Gemüse: den Sesam-Spinat (siehe S. 121), die Chili-Pilze (siehe S. 93) und die Pikanten Zuckerschoten oder die Gewokkten Radieschen (beides S. 100) auf dem Reis anrichten. Kimchi (siehe S. 32 oder aus dem Asienladen) auf die 2 Bowls geben. Für Extra-Crunch jeweils rohe, streichholzgroße Möhren- und Gurkenstifte hinzufügen.
– Ei: 2 Spiegeleier in einer Pfanne anbraten, sodass das Eigelb noch flüssig ist. Salzen und auf den Reis geben. Nach Belieben ersatzweise 2 wachsweich gekochte Eier verwenden.
– Bulgogi-Hack: das pikante Hackfleisch (siehe S. 101) zubereiten und auf den beiden Bowls anrichten.
– Sauce: die süßlich-pikante Dattel-Chili-Sauce (siehe S. 101), ersatzweise gekaufte Chilisauce (z. B. Sriracha) dazu reichen.

So wird's gegessen

Besser mit einem Löffel als mit Stäbchen. Vor dem Essen die Toppings unter den Reis rühren, was nicht mehr so schön aussieht wie am Anfang, dafür aber umso besser schmeckt – weil sich alle Aromen miteinander verbinden.

× AUSTAUSCH-BAR:

Sie können auch nur eine Gemüsesorte und davon entsprechend mehr verwenden. Das Kimchi lässt sich durch anderes eingelegtes Gemüse ersetzen, z. B. mit den Asia-Pickles (siehe S. 33) oder dem Pink Sauerkraut (siehe S. 32). Für eine vegetarische Bowl statt dem Bulgogi-Hack den Sticky Tempeh (siehe S. 37) als Topping verwenden.

AUSTAUSCH-BAR:

*Probieren Sie das Rezept
auch mit blanchierten
Mungobohnensprossen anstelle
der Zuckerschoten.*

PIKANTE ZUCKERSCHOTEN

FÜR 2 PORTIONEN
ZUBEREITUNGSZEIT: *15 Min.*
PRO PORTION: *ca. 110 kcal, 4 g E, 7 g F, 8 g KH*

200 g Zuckerschoten
1 Frühlingszwiebel
1 EL geschälter Sesam
1 TL Gochugaru (koreanische Chiliflocken;
    Asienladen; ersatzweise Pul Biber)
Salz
Pfeffer
1 TL geröstetes Sesamöl

1 Zuckerschoten waschen, bei Bedarf entfädeln
und in einem Topf mit Dämpfeinsatz über kochendem Wasser 2–3 Min. garen. Von der Frühlingszwiebel die Wurzelansätze und die welken grünen Teile
abschneiden. Die Frühlingszwiebel waschen und in
feine Ringe schneiden. Sesam in einer Pfanne ohne
Fett anrösten. Mit Gochugaru, etwas Salz und Pfeffer
mischen und herausnehmen.

2 Sesamöl in einer kleinen Pfanne erhitzen, die
Frühlingszwiebel unter Rühren kurz darin anbraten.
Zuckerschoten dazugeben und 1–2 Min. unter Wenden erhitzen. Die Sesam-Mischung unterrühren und
die Zuckerschoten auf den Bowls anrichten.

DATTEL-CHILI-SAUCE

FÜR 2 PORTIONEN
ZUBEREITUNGSZEIT: *15 Min.*
PRO PORTION: *ca. 135 kcal, 1 g E, 5 g F, 19 g KH*

3 getrocknete (Medjool-)Datteln
2 EL Gochujang (koreanische fermentierte
    Chilipaste; Asienladen)
1 EL geröstetes Sesamöl
1 TL Reisessig (ersatzweise Apfelessig)

Datteln in grobe Stücke schneiden, entsteinen und
mit so viel kochendem Wasser übergießen, dass sie
bedeckt sind. Ca. 10 Min. ziehen lassen, abgießen
und abtropfen lassen. Mit Gochujang, Sesamöl und
Reisessig im Blitzhacker zu einer cremigen Sauce
verarbeiten. Die Dattel-Chili-Sauce ist in einem
Schraubglas im Kühlschrank ca. 1 Woche haltbar.

GEWOKKTE RADIESCHEN

FÜR 2 PORTIONEN
ZUBEREITUNGSZEIT: *15 Min.*
PRO PORTION: *ca. 60 kcal, 1 g E, 5 g F, 2 g KH*

1 Bund Radieschen mit schönem Grün
1 EL geröstetes Sesamöl
1 TL Reisessig (ersatzweise Apfelessig)
Salz
Pfeffer

1   Die Radieschen vom Grün trennen, putzen, waschen und je nach Größe halbieren oder vierteln. Das Radieschengrün waschen, gut trocken schütteln und in breite Streifen schneiden.

2   Das Öl in einem Wok erhitzen. Radieschen zugeben und unter ständigem Rühren 2–3 Min. kräftig anbraten. Am Ende den Essig zugießen und das Radieschengrün unterrühren. Mit Salz und Pfeffer abschmecken, auf den Bowls anrichten.

BULGOGI-HACK

FÜR 2 PORTIONEN
ZUBEREITUNGSZEIT: *10 Min.*
MARINIERZEIT: *30 Min.*
PRO PORTION: *ca. 285 kcal, 23 g E, 19 g F, 6 g KH*

1 Knoblauchzehe
2 TL Sojasauce
2 TL geröstetes Sesamöl
2 TL flüssiger Honig
¼ TL Chilipulver (nach Belieben)
200 g Rinderhackfleisch

Den Knoblauch schälen und fein hacken, mit der Sojasauce, Sesamöl, Honig und nach Belieben Chilipulver verrühren. Das Hackfleisch gründlich untermengen und abgedeckt ca. 30 Min. im Kühlschrank marinieren lassen. Dann eine beschichtete Pfanne erhitzen, das Hackfleisch hineingeben und unter Rühren bei starker Hitze ca. 5 Min. krümelig braten. Bei Bedarf warm halten und auf die Bowls geben.

MAROKKANISCHER SÜSSKARTOFFEL-KICHERERBSEN-EINTOPF

FÜR 2 PERSONEN
ZUBEREITUNGSZEIT: *35 Min.*
GARZEIT: *25 Min.*
PRO PORTION: *ca. 505 kcal,*
15 g E, 16 g F, 71 g KH

2 Zwiebeln
2 Knoblauchzehen
2 EL Olivenöl
1 Döschen Safranfäden (0,1 g)
1 TL gemahlener Kreuzkümmel
½ TL gemahlene Kurkuma
½ Stange Zimt
1 EL Tomatenmark
1 Dose stückige Tomaten (400 g)
Salz
Pfeffer
1 Dose Kichererbsen (400 g)
1 große Süßkartoffel
4 Blätter Schwarzkohl
2 getrocknete (Medjool-)Datteln
½ Bund Koriandergrün
½ Bund Petersilie
½ Bio-Zitrone
3 EL griechischer Joghurt
   (10 % Fett)

1   Zwiebeln und Knoblauch schälen und fein würfeln. Das Olivenöl in einem Topf erhitzen und beides goldgelb darin andünsten. Inzwischen die Safranfäden mit 125 ml kochend heißem Wasser verrühren und bis zur Weiterverwendung ziehen lassen. Kreuzkümmel, Kurkuma und Zimtstange zu der Zwiebel-Knoblauch-Mischung geben und bei kleiner Hitze kurz mitrösten. Das Tomatenmark unterrühren und ebenfalls kurz mitbraten, dann die Tomaten und das Safran-Wasser hinzufügen. Salzen, pfeffern und alles offen bei mittlerer Hitze ca. 25 Min. köcheln lassen.

2   Inzwischen die Kichererbsen in ein Sieb abgießen, dabei das Einweichwasser auffangen. Süßkartoffel schälen, waschen und mit dem Spiralschneider in nicht zu feine Spiralen hobeln oder in ca. 1 cm große Würfel schneiden. Den Schwarzkohl waschen, die unteren dicken Blattrippen entfernen, die Blätter übereinanderlegen und in ca. 1 cm breite Streifen schneiden. Datteln halbieren, entsteinen und in feine Streifen schneiden. Kräuter waschen, trocken schütteln und mitsamt den Stängeln fein hacken, 2–3 EL davon beiseitelegen. Zitrone heiß waschen, trocken tupfen und halbieren.

3   Das Einweichwasser der Kichererbsen mit der Süßkartoffel, Schwarzkohl, Datteln und Kräutern unter die Tomatensauce rühren. Die Kichererbsen auf der Sauce verteilen und mit einem Kochlöffel in die Sauce drücken, ohne nochmals umzurühren. Alles zugedeckt bei mittlerer Hitze 20–25 Min. garen, bis die Süßkartoffel gar ist, ohne zu zerfallen.

4   Den Eintopf mit Salz und Pfeffer abschmecken, Zimtstange entfernen. Eintopf auf Teller verteilen, mit den beiseitegelegten Kräutern und dem Joghurt garnieren. Mit den Zitronenstücken zum Beträufeln servieren.

SPINATLINSEN MIT LIMETTEN-AUBERGINEN

INDISCH INSPIRIERT

FÜR 2 PERSONEN
ZUBEREITUNGSZEIT: *55 Min.*
PRO PORTION: *ca. 630 kcal,*
20 g E, 44 g F, 37 g KH

FÜR DIE SPINATLINSEN:
80 g gelbe Linsen
1 Zwiebel
1 Knoblauchzehe
1 Stück Ingwer (ca. 2 cm lang)
1 EL Kokosöl (ersatzweise Olivenöl)
1 TL Currypulver
175 g Kokosmilch
100 g Baby-Spinat
Salz
Zucker
Limettensaft

FÜR DIE AUBERGINEN:
2 Auberginen (à ca. 250 g)
1 rote Zwiebel
1 Knoblauchzehe
1 TL Currypulver
4 EL Olivenöl
Salz
2 EL Limettensaft
2 EL gehacktes Koriandergrün

1 Für die Spinatlinsen die Linsen in einem Sieb kalt abspülen und abtropfen lassen. Zwiebel, Knoblauch und Ingwer schälen und getrennt voneinander fein würfeln. Das Kokosöl in einem Topf erhitzen und die Zwiebel goldgelb darin andünsten. Den Knoblauch und den Ingwer zugeben und kurz mitdünsten, dann die Linsen und das Currypulver unterrühren. Mit 150 ml Wasser und 150 g Kokosmilch ablöschen. Alles zugedeckt ca. 30 Min. bei kleiner bis mittlerer Hitze garen, dabei ein- bis zweimal durchrühren.

2 Inzwischen den Backofen auf 180° vorheizen. Die Auberginen waschen, putzen und in ca. 2 cm große Würfel schneiden. Die Zwiebel schälen und längs in dickere Spalten schneiden. Den Knoblauch schälen und in dünne Scheiben schneiden. Mit der Zwiebel und den Auberginen in eine große, ofenfeste Form geben. Currypulver, Olivenöl und Salz zugeben und alles gründlich vermischen. Im heißen Ofen (Mitte) 25–30 Min. garen.

3 Währenddessen den Spinat putzen und verlesen, waschen und trocken schleudern. Die Linsen gegen Garzeitende salzen, die Hälfte der übrigen Kokosmilch unterrühren und die Linsen zugedeckt warm halten.

4 Die Auberginen nochmals durchrühren, den Backofengrill zuschalten und die Auberginen weitere 10–15 Min. grillen. Kurz vor Garzeitende der Auberginen den Spinat zu den Linsen geben und zugedeckt zusammenfallen lassen, dann die übrige Kokosmilch unterrühren. Spinatlinsen mit Salz, 2 Prisen Zucker und 2 Spritzern Limettensaft abschmecken. Auberginen aus dem Ofen nehmen, gleich 2 EL Limettensaft und die Hälfte des Koriandergrüns unterrühren. Die Spinatlinsen auf tiefe Teller verteilen und die Auberginen daraufgeben. Mit Koriandergrün bestreuen.

ONE-POT-FRÜHLINGSPASTA

FÜR 2 PERSONEN
ZUBEREITUNGSZEIT: *35 Min.*
PRO PORTION: *ca. 755 kcal,*
30 g E, 27 g F, 96 g KH

1 Zwiebel
1 Kohlrabi
250 g grüner Spargel
200 g Zuckerschoten
1 EL Rapsöl
400 ml Milch
Salz
Pfeffer
frisch geriebene Muskatnuss
200 g Bandnudeln
2 EL Mandelstifte
½ Bund Kerbel
2 EL Ziegenfrischkäse

**AUSTAUSCH-
BAR:**

*Statt der Zuckerschoten können
Sie auch TK-Erbsen verwenden:
diese einfach ca. 5 Min. vor
Garzeitende zur Pasta geben.*

1   Die Zwiebel schälen und fein würfeln. Den Kohlrabi putzen, schälen und in ca. 1,5 cm große Würfel schneiden. Den Spargel waschen, die holzigen Enden abschneiden und die Stangen im unteren Drittel schälen. Dann den Spargel schräg in 2–3 cm lange Stücke schneiden. Die Zuckerschoten waschen, abtropfen lassen, bei Bedarf entfädeln und schräg in ca. 3 mm schmale Streifen schneiden.

2   Das Rapsöl in einem Topf erhitzen und die Zwiebel darin andünsten. Den Kohlrabi zugeben und unter Rühren 2–3 Min. andünsten. Die Milch und 250 ml Wasser angießen und alles aufkochen lassen. Mit Salz, Pfeffer und etwas Muskatnuss würzen. Die Nudeln zugeben und 15–18 Min. bei mittlerer Hitze offen garen. Dabei am Anfang ab und zu, gegen Garzeitende öfter umrühren, damit die Nudeln nicht ansetzen. Nach ca. 8 Min. Garzeit die Spargelstücke zugeben, gut unterrühren und mitgaren lassen.

3   Inzwischen eine kleine, beschichtete Pfanne erhitzen. Die Mandelstifte ohne Fett darin rösten und herausnehmen. Den Kerbel waschen und trocken schütteln, die Blättchen von den Stängeln zupfen und fein hacken. Nach Garzeitende den Ziegenfrischkäse unter die Frühlingspasta rühren und alles mit Salz und Pfeffer abschmecken. Den Kerbel und die Zuckerschoten zugeben und die Pasta unter Rühren weitere 1–2 Min. garen. Die Pasta auf Teller verteilen und mit den gerösteten Mandelstiften bestreuen.

+ MEAT

Nehmen Sie anstelle der Mandelstifte 150 g in Streifen geschnittenen Räucherlachs. Oder 250 g Hähnchenbrustfilet in kleine Würfel schneiden und vor der Zwiebel im heißen Öl rundum anbraten.

ZOODLES MIT KÜRBISKERNSAUCE

LOW-CARB-PASTA

FÜR 2 PERSONEN
ZUBEREITUNGSZEIT: *20 Min.*
PRO PORTION: *ca. 455 kcal,*
20 g E, 37 g F, 10 g KH

2 mittelgroße Zucchini
  (ca. 500 g)
200 g Kirschtomaten
6 TL Olivenöl
1 TL Kürbiskernöl
1 EL Kürbiskernmus (Bioladen,
  Reformhaus)
2 EL Zitronensaft
Salz
Pfeffer
1 Mozzarella (125 g)
2 TL Kürbiskerne

AUSTAUSCH-BAR:

Statt der Kirschtomaten die
Halbtrockenen Ofentomaten (siehe
S. 150) zugeben. Anstelle der
Zucchini können Sie auch Möhren
oder Salatgurken zu »Nudeln«
verarbeiten. Möhren-Nudeln
wie Zucchini-Nudeln anbraten,
2 EL Wasser zugeben und zugedeckt
in 3–4 Min. bissfest dünsten.
Salatgurke roh verwenden.

1 **Die Zucchini** waschen, putzen und mit einem Spiralschneider in eher dicke, lange Spiralen schneiden. Die Kirschtomaten waschen, trocken tupfen und je nach Größe halbieren oder vierteln.

2 **Für die Sauce** 3 TL Olivenöl mit Kürbiskernöl, Kürbiskernmus, Zitronensaft und 1 EL Wasser glatt rühren. Mit Salz und Pfeffer abschmecken.

3 **Den Mozzarella** abtropfen lassen und in kleine Stücke zupfen oder schneiden. Eine kleine, beschichtete Pfanne erhitzen und die Kürbiskerne ohne Fett darin rösten, bis sie duften. Dann herausnehmen.

4 **Das übrige Olivenöl** in einer großen Pfanne erhitzen. Die Zucchini-Nudeln unter Rühren ca. 4 Min. darin anbraten. In einer Schüssel mit der Sauce vermischen und die Tomaten unterheben. In tiefen Tellern anrichten und den Mozzarella darauf verteilen. Mit den Kürbiskernen bestreuen.

+ MEAT

2 Hüftsteaks mit Salz und Pfeffer würzen. In einer Pfanne mit 1 EL Öl pro Seite 2–3 Min. braten. Steaks in Alufolie wickeln und ca. 5 Min. ruhen lassen. Dann quer in schmale Streifen schneiden und auf den Zoodles anrichten. Für eine schnelle Meat-Variante 8 Scheiben Parmaschinken in mundgerechte Stücke zupfen und unter die Zoodles heben.

KEIN SPIRALSCHNEIDER? SCHNEIDEN SIE DIE GEWASCHENEN UND GEPUTZTEN
ZUCCHINI EINFACH DER LÄNGE NACH MIT EINEM SPARSCHÄLER RUNDHERUM
IN LANGE STREIFEN – FERTIG SIND DIE GEMÜSE-NUDELN!

PASTA MIT BROKKOLI, GEBACKENEN TOMATEN UND SARDELLENBRÖSELN

FÜR 2 PERSONEN
ZUBEREITUNGSZEIT: *55 Min.*
PRO PORTION: *ca. 770 kcal,*
23 g E, 29 g F, 103 g KH

FÜR DIE TOMATEN:
250 g Kirschtomaten
½ Knoblauchzehe
2 Zweige Thymian
1 EL Aceto balsamico
2 EL Olivenöl
½ TL Zucker
Salz
Pfeffer

FÜR DIE PASTA:
300 g Brokkoli
1 Chilischote
½ Knoblauchzehe
1 EL Kapern
4 Sardellenfilets (in Salz
* eingelegt)*
200 g Strozzapreti-Nudeln
* (ersatzweise Penne)*
Salz
1 ½ EL Olivenöl
4 EL Semmelbrösel
2 EL Mandelblättchen

1   Den Backofen auf 175° vorheizen. Kirschtomaten waschen, längs halbieren und mit den Schnittflächen nach oben nebeneinander in eine kleine, möglichst passende, ofenfeste Form legen. Den Knoblauch schälen und fein würfeln. Thymian waschen, trocken schütteln, die Blättchen abzupfen und fein hacken. Mit dem Knoblauch über die Tomaten streuen. Die Tomaten mit Aceto balsamico und Olivenöl beträufeln, mit Zucker bestreuen, salzen und pfeffern. Im heißen Ofen (Mitte) 35–40 Min. garen, dabei ein- bis zweimal mit dem ausgetretenen Saft begießen.

2   Inzwischen für die Pasta Brokkoli waschen und putzen, den Stiel schälen und in ca. 1 cm dicke Stifte schneiden, Röschen mundgerecht zerteilen. Chili halbieren, Kerne und Stiel entfernen, die Hälften waschen und fein hacken. Knoblauch schälen, Kapern abtropfen lassen und grob hacken. Die Sardellen unter kaltem Wasser abspülen, trocken tupfen und fein hacken.

3   Die Nudeln nach Packungsanweisung in einem Topf mit Salzwasser garen. Währenddessen den Brokkoli in einem Topf mit Dämpfeinsatz über kochendem Wasser in 10–15 Min. bissfest garen. Nudeln abgießen und abtropfen lassen. Nudeln und Brokkoli zum Warmhalten abdecken.

4   In einer beschichteten Pfanne Olivenöl erhitzen. Sardellen und Chili hineingeben, Knoblauch dazupressen und alles unter Rühren andünsten. Semmelbrösel und Mandelblättchen zugeben und bei mittlerer bis großer Hitze unter Rühren goldgelb mitrösten. Kapern untermischen.

5   Zum Anrichten die Tomaten aus dem Ofen nehmen. Die Nudeln und den Brokkoli mit der Garflüssigkeit der Tomaten mischen und auf Tellern anrichten. Tomaten daraufgeben und mit den Sardellenbröseln bestreuen. Gleich servieren und direkt vor dem Essen alles vermischen.

- MEAT
Die Sardellen weglassen und stattdessen 2 EL geriebenen Parmesan mit den Sardellenbröseln über die Pasta streuen.

SESAM-SOBA-NUDELN MIT BUNTEM WOKGEMÜSE

FÜR 2 PERSONEN
ZUBEREITUNGSZEIT: *30 Min.*
PRO PORTION: *ca. 685 kcal,*
24 g E, 35 g F, 67 g KH

120 g Soba-Nudeln (Asien- oder
  Bioladen; aus Buchweizen)
Salz
120 g ausgelöste TK-Edamame-
  Bohnenkerne
2 EL Sesam
2 dicke Möhren
100 g Zuckerschoten
5 Shiitake (Pilze)
2 Frühlingszwiebeln
1 Knoblauchzehe
4 EL Sojasauce
2 EL Hoisinsauce (Asienladen)
2 EL geröstetes Sesamöl
1 EL Tahin (Sesampaste)
½ TL Chilisauce (z. B. Sriracha)
5 EL Gemüsebrühe
2 EL Öl

1   Die Soba-Nudeln nach Packungsanweisung in einem Topf mit leicht gesalzenem Wasser garen, dann abgießen und dabei etwas Kochwasser auffangen. Die Nudeln gründlich kalt abbrausen und abtropfen lassen. Gleichzeitig in einem zweiten Topf die gefrorenen Edamame in wenig Salzwasser zugedeckt ca. 10 Min. bei mittlerer Hitze garen, dann abgießen und abtropfen lassen. Sesam in einer Pfanne ohne Fett rösten, bis er duftet und leicht knistert, dann herausnehmen und abkühlen lassen.

2   Möhren mit einer Gemüsebürste unter fließendem Wasser gründlich waschen, putzen und mit dem Spiralschneider oder mit der Gemüsereibe in möglichst lange, dünne Streifen (Julienne) hobeln. Zuckerschoten waschen, putzen, bei Bedarf entfädeln und längs halbieren. Pilze mit einem Küchenpapier sauber abreiben, Stiele entfernen und die Hüte in knapp 1 cm breite Streifen schneiden. Von den Frühlingszwiebeln die Wurzelansätze und die welken grünen Teile abschneiden. Die Frühlingszwiebeln waschen, trocken tupfen und samt Grün in feine Ringe schneiden. Knoblauch schälen und fein hacken. Für die Würzsauce Soja- und Hoisinsauce, Sesamöl, Tahin und Chilisauce mit der Gemüsebrühe verrühren.

3   Öl in einem Wok oder einer beschichteten Pfanne erhitzen, Möhren und Knoblauch 2–3 Min. unter Rühren darin anbraten. Pilze und Zuckerschoten zugeben und weitere 1–2 Min. braten. Würzsauce und Edamame hinzufügen und alles bei mittlerer Hitze 3–5 Min. weitergaren, dabei bei Bedarf einige EL Nudelkochwasser zugießen (bei Garzeitende sollte die Flüssigkeit fast verkocht sein). Nudeln zugeben und unter Rühren erhitzen. Zuletzt gut die Hälfte der Frühlingszwiebeln unterheben. Auf Tellern anrichten, übrige Frühlingszwiebeln und Sesam über die Nudeln streuen und servieren.

+ MEAT

150 g Rinderfilet fein schnetzeln und mit dem Knoblauch anbraten. Das Fleisch beiseiteschieben, dann die Möhren und das übrige Gemüse braten, dabei evtl. etwas Öl nachgießen. Zuletzt die Nudeln unterrühren.

FRIED BLUMENKOHL-REIS MIT SESAM-OMELETT

LOW CARB

FÜR 2 PERSONEN
ZUBEREITUNGSZEIT: *35 Min.*
PRO PORTION: *ca. 560 kcal,*
20 g E, 46 g F, 18 g KH

FÜR DIE SESAM-OMELETTE:
2 Eier (M)
1 EL Sojasauce
2 EL schwarzer Sesam
1 TL Öl

FÜR DEN BLUMENKOHL-REIS:
1 kleiner Blumenkohl (ca. 500 g)
1 rote Paprika
3 Frühlingszwiebeln
2 Baby-Pak-Choi
3 EL Sonnenblumenöl
2 EL Cashewkerne
½ TL Currypulver
3 EL Sojasauce
Salz
Pfeffer

1 Für die Sesam-Omelette die Eier mit der Sojasauce und 2 EL Wasser gründlich verrühren, ohne die Mischung schaumig zu rühren. Den Sesam in einer Pfanne ohne Fett rösten, bis er duftet, dann unter die Eiermasse rühren. Eine beschichtete Pfanne mit Öl ausstreichen, möglichst wenig Eiermasse hineingeben und diese durch Schwenken zügig zu einem dünnen Omelett verteilen. Bei kleiner Hitze hellgelb braten, herausnehmen und aufrollen. Die übrige Eiermasse auf die gleiche Weise zu Omelette braten. Die Omelette aufrollen und in möglichst dünne Streifen schneiden.

2 Für den Blumenkohl-Reis den Blumenkohl putzen, waschen, in größere Stücke schneiden oder brechen, dabei sehr dicke Strunkteile entfernen. Blumenkohl im Blitzhacker fein hacken oder mit einem großen Messer erst längs in dünne Scheiben schneiden und diese dann auf Reiskorngröße fein hacken. Paprika halbieren und putzen, dabei weiße Trennwände und Kerne entfernen. Paprikahälften waschen und in ca. 1 cm große Würfel schneiden. Von den Frühlingszwiebeln Wurzelansätze und welke grüne Teile abschneiden. Frühlingszwiebeln waschen, weiße und grüne Teile getrennt in feine Ringe schneiden. Pak Choi waschen, Strunk wegschneiden, den weißen Stiel und die Blätter getrennt voneinander in ca. 1 cm breite Stücke schneiden.

3 In einer großen, beschichteten Pfanne Öl erhitzen. Cashewkerne darin bei mittlerer Hitze rösten. Herausnehmen und dabei möglichst viel Öl abtropfen lassen. Öl wieder erhitzen, den weißen Teil der Frühlingszwiebeln, Blumenkohl-Reis, Pak-Choi-Stiele und Paprika zugeben. Bei großer Hitze unter Rühren 4–5 Min. anbraten. Currypulver, Sojasauce und die Pak-Choi-Blätter unterrühren und weitere 5–6 Min. bei mittlerer Hitze braten. Salzen, pfeffern, Cashewkerne unterheben und den Blumenkohl-Reis auf Tellern anrichten. Omelettestreifen und Frühlingszwiebelgrün darüberstreuen.

INFO
Blumenkohl ist das Lieblingsgemüse von Low-Carb-Freunden, weil er so wandlungsfähig ist und als Reis (siehe auch Blumenkohl-Sushi, S. 58) und sogar als Milchreis (siehe S. 168) herhalten kann.

SELLERIE-CORDON-BLEUS MIT KARTOFFELPÜREE

FÜR 2 PERSONEN
ZUBEREITUNGSZEIT: *50 Min.*
PRO PORTION: *ca. 890 kcal,*
28 g E, 47 g F, 86 g KH

FÜR DIE KAPERN-
VINAIGRETTE:
3 TL Kapern
1 Frühlingszwiebel
½ Bund glatte Petersilie
4 EL Olivenöl
1 EL Zitronensaft
Salz
Pfeffer
Zucker

FÜR DIE CORDON BLEUS:
1 große Knolle Sellerie (ca. 1 kg)
2 EL Zitronensaft
Salz
Pfeffer
2 Scheiben Ziegengouda
   (à ca. 25 g)
4 getrocknete Soft-Tomaten
1 Ei (M)
2 EL Mehl
5 EL Semmelbrösel
Öl zum Braten

FÜR DAS PÜREE:
500 g mehligkochende Kartoffeln
120 ml Milch
1 EL Butter
Salz
frisch geriebene Muskatnuss

1 **Für die Kapern-Vinaigrette** die Kapern abtropfen lassen, grob hacken. Frühlingszwiebel putzen, waschen und mitsamt Grün in feine Ringe schneiden. Petersilie waschen, trocken schütteln, Blätter abzupfen und fein hacken. Olivenöl mit Zitronensaft verrühren. Kapern, Frühlingszwiebel und Petersilie unterrühren und mit Salz, Pfeffer und 1 Prise Zucker abschmecken.

2 **Für die Cordon bleus** den Sellerie schälen, putzen und halbieren. Von beiden Hälften von der größeren Seite aus je vier möglichst gleichmäßige Scheiben (jeweils ca. 1 cm breit) abschneiden. Die acht Scheiben mit Zitronensaft beträufeln, salzen und pfeffern.

3 **Für das Püree** übrigen Sellerie grob würfeln und in einen Dämpfeinsatz geben. Kartoffeln schälen, waschen, ebenfalls grob würfeln und zum Sellerie in den Dämpfeinsatz geben. Einen passenden Topf ca. 3 cm hoch (je nach Größe) mit Wasser füllen, Dämpfeinsatz hineinstellen und das Wasser zum Kochen bringen. Das Gemüse über dem kochenden Wasser in 20–25 Min. zugedeckt weich garen.

4 **Den Dämpfeinsatz** mit Sellerie und Kartoffeln aus dem Topf nehmen. Topf ausspülen und die Milch darin erhitzen. Butter zugeben und schmelzen lassen. Sellerie und Kartoffeln zugeben, mit einem Kartoffelstampfer zu Püree zerdrücken, mit Salz und Muskat würzen.

5 **Inzwischen** für die Cordon bleus die Käsescheiben halbieren. Die Soft-Tomaten in schmale Streifen schneiden. Vier Selleriescheiben mit je 1 halben Scheibe Käse und einem Viertel Tomatenstreifen belegen. Mit jeweils einer Selleriescheibe bedecken. Ei in einem tiefen Teller mit Salz und Pfeffer verquirlen. Mehl und Semmelbrösel jeweils in zwei weitere tiefe Teller geben. Die Cordon bleus jeweils mit der unteren und der oberen Seite vorsichtig in das Mehl hineindrücken, überschüssiges Mehl abklopfen. Dann rundherum durch das Ei ziehen und zuletzt mit den Semmelbröseln panieren. In einer großen Pfanne ca. 1 cm hoch Öl erhitzen. Die Cordon bleus darin bei mittlerer Hitze von jeder Seite in 6–7 Min. goldbraun braten. Dabei vorsichtig wenden, damit die Cordon bleus nicht auseinanderfallen. Die Cordon bleus auf Küchenpapier abtropfen lassen, mit Püree und Kapern-Vinaigrette servieren.

MANGOLDPÄCKCHEN IN TOMATENSAUCE

WÜRZIG GEFÜLLT

FÜR 2 PERSONEN
ZUBEREITUNGSZEIT: *50 Min.*
PRO PORTION: *ca. 500 kcal,*
31 g E, 18 g F, 50 g KH

FÜR DIE PÄCKCHEN:
800 g Mangold
100 g weiße Quinoa
Salz
1 Zwiebel
150 g Champignons
50 g getrocknete Tomaten (in Öl)
½ Bund Petersilie
75 g Schafskäse (Feta)
Pfeffer

FÜR DIE SAUCE:
1 Zwiebel
1 Knoblauchzehe
1 EL Olivenöl
1 TL getrockneter Oregano
1 Dose stückige Tomaten (400 g)
Salz
Pfeffer
Zucker

AUSSERDEM:
Küchengarn

FAKE MEAT!

1   Für die Päckchen Mangold putzen und waschen, Stiele abschneiden und beiseitelegen. Wasser in einen großen, breiten Topf zum Kochen bringen. Zwölf große Mangoldblätter hineingeben und 1–2 Min. blanchieren, bis sie biegsam sind. Mit einem Schaumlöffel herausheben, gleich kurz in Eiswasser legen. Herausnehmen, gut abtropfen lassen und auf einem sauberen Geschirrtuch ausbreiten. Stiele und kleine Blätter klein schneiden.

2   Für die Sauce Zwiebel und Knoblauch schälen und fein würfeln. Öl in einem Topf erhitzen, Zwiebel und Knoblauch kurz darin andünsten. Oregano, Tomaten und 200 ml Wasser hinzufügen. Mit Salz, Pfeffer und 1 Prise Zucker würzen, aufkochen und ca. 10 Min. köcheln lassen.

3   Inzwischen für die Füllung Quinoa in ein feines Sieb geben und mit heißem Wasser gründlich abspülen, um die Bitterstoffe auszuwaschen. Salzwasser in einem Topf zum Kochen bringen, Quinoa nach Packungsanweisung ca. 15 Min. darin garen. Währenddessen die Zwiebel schälen und fein würfeln, Champignons mit einem Küchenpapier sauber abreiben, putzen und sehr klein würfeln. Getrocknete Tomaten gut abtropfen lassen, dabei das Öl auffangen. Tomaten klein würfeln. Petersilie waschen, trocken schütteln, Blätter abzupfen und fein hacken. 2 EL des Tomaten-Öls in einem Topf erhitzen, die Zwiebel darin andünsten. Die Champignons zugeben und unter Rühren ca. 5 Min. anbraten. Klein geschnittene Mangoldstiele und -blätter zugeben und alles weitere 2–3 Min. braten. Die Tomatenwürfel unterrühren. Die Quinoa abgießen und gut abtropfen lassen. Die Pilz-Mangold-Mischung vom Herd nehmen, Quinoa und Petersilie unterrühren. Den Schafskäse zerbröseln (nach Belieben ca. 25 g zum Garnieren beiseitelegen) und untermengen. Salzen, pfeffern und abkühlen lassen.

4   Je 1 gehäuften EL Füllung auf die großen Mangoldblätter geben. Die Seiten über die Füllung zur Mitte klappen, unteres Blattende über die Füllung schlagen und einrollen. Die Päckchen mit Küchengarn verschnüren. Bei Bedarf kleinere Mangoldblätter paarweise leicht überlappend zusammenlegen, sodass eine größere Fläche entsteht. Mangoldpäckchen in die Tomatensauce legen und zugedeckt bei mittlerer Hitze ca. 10 Min. garen. Auf Tellern anrichten, nach Belieben den übrigen Schafskäse darüberbröseln.

FÜR 2 PERSONEN / ZUBEREITUNGSZEIT: *35 Min.*
PRO PORTION: *ca. 360 kcal, 7 g E, 29 g F, 15 g KH*

400 g grüne Bohnen waschen und putzen. Die Bohnen jeweils in zwei bis drei Stücke schneiden und in einem Topf mit Dämpfeinsatz über kochendem Wasser in 8–12 Min. bissfest dämpfen.

Inzwischen **4 Schalotten** schälen und längs in feine Streifen schneiden. **2 EL Kokos- oder Sonnenblumenöl** in einer Pfanne erhitzen und die Schalotten darin bei kleiner Hitze in 12–15 Min. goldbraun braten.

Währenddessen **1 Knoblauchzehe** schälen und fein hacken, **1 Stängel Zitronengras** waschen und putzen, die unteren 10 cm längs vierteln und die Viertel fein hacken. Beides mit **3 EL Kokosraspeln** und **2–3 Msp. Chiliflocken** zu den Schalotten geben und unter Rühren 2–4 Min. mitbräunen lassen. Die Bohnen untermengen und erhitzen.

ROTE BETE À L'ORANGE

FÜR 2 PERSONEN / ZUBEREITUNGSZEIT: *35 Min.*
PRO PORTION: *ca. 250 kcal, 3 g E, 13 g F, 29 g KH*

500 g Rote Bete schälen und mit der Gemüsereibe in feine Streifen hobeln (dabei am besten Einmalhandschuhe verwenden, da Rote Bete stark abfärbt). **1 Schalotte** schälen und fein würfeln.

2 EL Butter in einer beschichteten Pfanne zerlassen, die Schalotte darin bei kleiner Hitze goldgelb dünsten. Rote Bete zugeben, **salzen**, **pfeffern** und unter gelegentlichem Rühren 2–3 Min. andünsten, dann **80 ml Orangensaft** zugießen und zugedeckt 10–12 Min. garen.

Deckel abnehmen und das Gemüse bei mittlerer Hitze 3–5 Min. garen, bis die Flüssigkeit verdunstet ist. **1 EL (Bitter-)Orangenmarmelade** zugeben und 2–3 Min. braten, bis die Rote Bete von einer glänzenden, leicht karamellisierten Schicht überzogen ist. Mit **2 EL Schnittlauchröllchen** bestreuen.

SESAM-SPINAT

FÜR 2 PERSONEN / ZUBEREITUNGSZEIT: *15 Min.*
PRO PORTION: *ca. 180 kcal, 7 g E, 16 g F, 3 g KH*

In einer Pfanne **1 EL Sesam** ohne Fett anrösten, bis die Samen leicht knistern und duften, dann abkühlen lassen.

400 g Spinat verlesen und putzen, waschen und trocken schleudern. **1 Knoblauchzehe** schälen und in feine Scheiben schneiden. **1 TL Öl** erhitzen und den Knoblauch goldgelb darin andünsten. Spinat zugeben und bei großer Hitze unter Rühren zusammenfallen lassen. Die Garflüssigkeit sollte während des Garens ganz verdunsten, ansonsten den Spinat in ein Sieb geben, abtropfen lassen, leicht ausdrücken und wieder auflockern.

Den Spinat mit **1–2 EL geröstetem Sesamöl** und dem gerösteten Sesam vermischen. **Salzen**, **pfeffern** und warm oder abgekühlt servieren.

EXTRAGRÜNE ERBSEN

FÜR 2 PERSONEN / ZUBEREITUNGSZEIT: *25 Min.*
PRO PORTION: *ca. 280 kcal, 12 g E, 15 g F, 22 g KH*

2 Schalotten schälen und fein würfeln. **1 EL Butter** in einer Pfanne erhitzen und die Schalotten darin goldgelb andünsten. **300 g unaufgetaute TK-Erbsen** zugeben, **salzen** und **pfeffern**. Dann **100 ml Gemüsebrühe** dazugießen und das Gemüse bei kleiner Hitze zugedeckt ca. 10 Min. garen.

Inzwischen **1 großen Bund grüne Kräuter** (z. B. für Grüne Sauce mit Kerbel, Petersilie, Schnittlauch, Pimpinelle) waschen und fein hacken. **½ Bio-Zitrone** heiß waschen, trocken tupfen, Schale fein abreiben und den Saft auspressen.

2–3 Msp. Zitronenschale und **50 g Sahne** unter die Erbsen rühren und weitere 5 Min. garen, dann die Kräuter unterrühren und kurz ziehen lassen. Mit Salz, Pfeffer, **frisch geriebener Muskatnuss** und 1–2 Spritzern Zitronensaft abschmecken.

KÄSEFONDUE
MIT VIEL GEMÜSE

FÜR GÄSTE

FÜR 4 PERSONEN

ZUBEREITUNGSZEIT: *55 Min.*

PRO PORTION: *ca. 955 kcal,*
56 g E, 63 g F, 27 g KH

FÜR DAS GEMÜSE:

400 g kleine festkochende Kartoffeln mit dünner Schale (Drillinge)

Salz

250 g Rosenkohl

1 Stange Lauch

200 g Kräuterseitlinge

1 Knoblauchzehe

2 Zweige Thymian

2 EL Olivenöl

1 TL Butter

Pfeffer

1 feste Birne

1 TL Zitronensaft

FÜR DAS FONDUE:

250 g Gruyère

250 g Vacherin

250 g Raclettekäse

1 Knoblauchzehe

300 ml trockener Weißwein

1 EL Speisestärke

2 EL Calvados (ersatzweise 2 EL Wasser)

Pfeffer

frisch geriebene Muskatnuss

AUSSERDEM:

eingelegtes Gemüse (z. B. Mixed Pickles, Cornichons, Silberzwiebeln)

1 Für das Gemüse Kartoffeln mit einer Gemüsebürste unter fließendem Wasser gründlich waschen und in ausreichend Salzwasser ca. 20 Min. weich kochen, abgießen, ausdampfen lassen und warm halten. Inzwischen Rosenkohl waschen, welke Blätter und Stielansätze abschneiden, Strünke kreuzweise einschneiden. Lauch waschen, putze, in ca. 2 cm breite Ringe schneiden. Rosenkohl in einem Topf mit Dämpfeinsatz über kochendem Wasser in 15–20 Min. bissfest dämpfen. Herausnehmen, Lauch in den Dämpfeinsatz geben und in 5–8 Min. ebenfalls bissfest garen. Beides warm halten.

2 Inzwischen die Kräuterseitlinge mit einem Küchenpapier sauber abreiben, die Stiele in gut 1 cm dicke Scheiben schneiden, die Hüte ganz lassen oder ebenfalls in Scheiben schneiden. Knoblauch schälen und in feine Scheiben schneiden. Thymian waschen, trocken schütteln, Blättchen abzupfen und fein hacken. Das Öl in einer beschichteten Pfanne erhitzen. Pilze und Knoblauch darin bei großer Hitze rundum braun braten, gegen Garzeitende Butter und Thymian untermengen. Leicht salzen, pfeffern und warm halten. Die Birne waschen, vierteln, vom Kerngehäuse befreien, in dünne Spalten schneiden und gleich in Zitronensaft wenden.

3 Für das Fondue die drei Käsesorten entrinden und grob raspeln. Den Knoblauch halbieren und den Fonduetopf (Caquelon) damit ausreiben. 200 ml Weißwein und den Käse in den Fonduetopf geben. Auf dem Herd unter Rühren bei kleiner bis mittlerer Hitze erwärmen. Sobald der Käse schmilzt, kräftiger rühren, damit sich Käse und Wein verbinden. Dabei nach und nach den übrigen Wein zugießen. Die Stärke mit dem Calvados verrühren und unter die Käsemasse mengen. Unter Rühren aufkochen und eindicken lassen, mit Pfeffer und Muskatnuss würzen.

4 Den Fonduetopf auf das Rechaud in der Esstischmitte stellen und heiß halten. Dabei die Käsemasse (auch am Topfboden) immer wieder umrühren, damit nichts anbrennt. Die warmen Kartoffeln, die Pilze, das Gemüse und die Birnenspalten auf einer Platte anrichten, zum Essen aufspießen und in den Käse tauchen. Das eingelegte Gemüse dazu reichen.

JAPANISCHER KOHL-PFANNKUCHEN

FERNKÖSTLICH

FÜR 2 PERSONEN
ZUBEREITUNGSZEIT: *40 Min.*
PRO PORTION: *ca. 635 kcal,*
23 g E, 43 g F, 41 g KH

1 EL geschälter Sesam
3 Frühlingszwiebeln
50 g Mungobohnensprossen
½ kleiner Chinakohl (ca. 300 g)
4 Eier (M)
Salz
Pfeffer
1 EL Mineralwasser
   (mit Kohlensäure)
100 g Mehl
2 EL Öl
2 EL Mayonnaise
1 EL Milch
½ TL helle Misopaste
   (Shiro Miso)

1   Den Sesam in einer Pfanne ohne Fett goldbraun rösten, bis er duftet und leicht knistert, dann herausnehmen. Von den Frühlingszwiebeln die Wurzelansätze und die welken grünen Teile abschneiden. Frühlingszwiebeln waschen, trocken tupfen und in feine Ringe schneiden. Mungobohnensprossen kalt abbrausen und gut abtropfen lassen. Den Chinakohl putzen, in schmalen Streifen vom Strunk schneiden, waschen und trocken schleudern.

2   Die Eier verquirlen. Salz, Pfeffer, Mineralwasser und Mehl unterrühren, sodass ein dickflüssiger Teig entsteht. Die Frühlingszwiebeln, Sprossen und Chinakohl zugeben und mit einem Kochlöffel gut untermischen.

3   Die Hälfte des Öls in einer Pfanne erhitzen. Die Hälfte der Eiermasse darin verteilen, leicht andrücken und ca. 4 Min. braten. Den Pfannkuchen vom Pfannenrand lösen und auf einen großen, flachen Teller (oder auf den Pfannendeckel) gleiten lassen. Die Pfanne umgedreht über den Pfannkuchen halten und sowohl den Teller als auch die Pfanne schnell herumdrehen, um den Pfannkuchen zu wenden. Weitere 4 Min. braten, dann den Pfannkuchen herausnehmen und warm stellen. Im übrigen Öl aus der restlichen Eiermasse einen weiteren Pfannkuchen backen.

4   Die Mayonnaise mit Milch und Misopaste glatt rühren. Die Pfannkuchen auf Tellern anrichten und mit dem Sesam bestreuen. Die Mayonnaise-Mischung portionsweise auf die Kohl-Pfannkuchen geben oder mit einem Teelöffel in feinen Linien darauf verteilen.

+ MEAT

100 g Schinkenspeckwürfel in einer kleinen Pfanne ohne Fett knusprig braten, etwas abkühlen lassen und unter die Eiermasse mischen. Das ausgetretene Bratfett in der Pfanne anstelle des Öls zum Braten der Pfannkuchen verwenden.

SHAKSHUKA MIT MANGOLD

ONE POT WONDER

FÜR 2 PERSONEN
ZUBEREITUNGSZEIT: *25 Min.*
GARZEIT: *35 Min.*
PRO PORTION: *ca. 480 kcal,*
26 g E, 34 g F, 14 g KH

250 g bunter Mangold
1 kleine rote Spitzpaprika
1 Zwiebel
2 Knoblauchzehen
3 EL Olivenöl
1 Dose stückige Tomaten (400 g)
Salz
Pfeffer
1 TL gemahlener Kreuzkümmel
geräuchertes Paprikapulver
*   (ersatzweise Rauchsalz)*
Zucker
4 Eier (S)
100 g Schafskäse (Feta)
5 Stängel Koriandergrün (nach
*   Belieben)*

1   **Den Mangold putzen,** waschen und trocken tupfen. Stiele abschneiden und in ca. 4 mm dicke Stücke schneiden. Die Mangoldblätter bündelweise zusammenlegen und quer in ca. 2 cm breite Streifen schneiden. Die Paprika halbieren und putzen, dabei weiße Trennwände und Kerne entfernen. Die Paprikahälften waschen und in ca. 1 cm große Stücke schneiden. Zwiebel und Knoblauch schälen und fein würfeln.

2   **Das Olivenöl** in einer hohen, beschichteten Pfanne erhitzen, Zwiebel und Knoblauch darin andünsten. Die Mangoldstiele und die Paprika zugeben und alles 2–3 Min. unter Rühren bei großer Hitze braten, dann die Tomaten hinzufügen. Mit Salz, Pfeffer und Kreuzkümmel würzen und alles offen 15–20 Min. bei mittlerer Hitze einkochen lassen.

3   **Die Mangoldblätter** unter die Tomatensauce rühren und zusammenfallen lassen. Mit 2 Prisen Paprikapulver, 2 Prisen Zucker und bei Bedarf nochmals mit Salz und Pfeffer abschmecken. Mit einem Löffelrücken vier Mulden in die Tomaten-Mangold-Masse drücken. Die Eier aufschlagen und vorsichtig in die Mulden gleiten lassen, sodass die Eigelbe ganz bleiben. Eier leicht salzen und pfeffern. Die Shakshuka zugedeckt weitere 8–12 Min. bei kleiner Hitze garen, bis die Eiweiße vollständig gestockt, die Eigelbe aber noch flüssig sind.

4   **Inzwischen den Schafskäse** grob zerbröckeln. Das Koriandergrün waschen, trocken schütteln, Blätter abzupfen und grob hacken. Die Shakshuka mit Feta und Koriandergrün bestreuen. Mit frischem Fladenbrot servieren.

+ MEAT
Statt des Schafskäses 150 g Sucuk (türkische Knoblauchwurst) in Stücke schneiden und in 1–2 EL Olivenöl knusprig braten. Herausnehmen, einen Teil des Öls abgießen. Zwiebel, Knoblauch, Mangoldstiele und Paprika im verbliebenen Öl anbraten (siehe Rezept). Sucuk unter die fertige Tomaten-Mangold-Masse mischen, bevor die Eier zugegeben werden.

SHAKSHUKA STAMMT AUS DER NORDAFRIKANISCHEN KÜCHE, GILT ABER IN ISRAEL ALS NATIONALGERICHT, WO MAN ES OFT GLEICH ZUM FRÜHSTÜCK VERSPEIST. AM BESTEN SCHMECKT SHAKSHUKA IN GESELLSCHAFT, DIREKT AUS DER PFANNE GEGESSEN UND MIT EINEM STÜCK WEISSBROT ZUM TUNKEN. PASST AUCH PERFEKT ALS BRUNCH!

1 TOPF UND 1 PFANNE

AUS DEM OFEN &
VOM GRILL

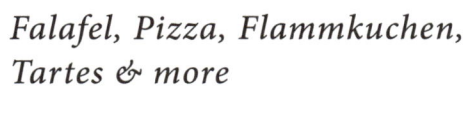

Falafel, Pizza, Flammkuchen,
Tartes & more

OFEN-SÜSSKARTOFFELN MIT BROKKOLISALAT UND TOFUNAISE

VEGANE FEINKOST

FÜR 2 PERSONEN
ZUBEREITUNGSZEIT: *1 Std.*
PRO PORTION: *ca. 620 kcal,*
14 g E, 41 g F, 49 g KH

FÜR DIE SÜSSKARTOFFELN:
2 Süßkartoffeln (à ca. 200 g)
2 TL Olivenöl
Salz

FÜR DEN BROKKOLISALAT:
250 g Brokkoli
2 EL Zitronensaft
½ TL Agavendicksaft
Salz
Pfeffer
2 EL Olivenöl
¼ Bund Petersilie
2 EL Rauchmandeln (geröstet
und gesalzen; Fertigprodukt)
2 EL Granatapfelkerne

FÜR DIE TOFUNAISE:
200 g Seidentofu
1 kleine Knoblauchzehe
1 TL mittelscharfer Senf
1 TL Zitronensaft
3 EL Öl
Salz
Pfeffer

1   Den Backofen auf 200° vorheizen. Die Süßkartoffeln mit einer Gemü-sebürste unter fließendem Wasser gründlich waschen und mit einem spitzen Messer mehrfach rundherum einstechen. Dann mit Öl einreiben, salzen und einzeln fest in Alufolie wickeln. Die Süßkartoffeln auf ein Backblech legen und im heißen Ofen (Mitte) ca. 50 Min. backen.

2   Inzwischen für den Brokkolisalat den Brokkoli waschen. Die Rös-chen möglichst weit oben am Stiel abschneiden und in sehr kleine Stücke zerteilen. Die Brokkolistiele schälen und in sehr feine Scheiben schneiden. Den Zitronensaft mit Agavendicksaft, Salz und Pfeffer verrühren, das Öl unterschlagen und das Dressing mit dem Brokkoli mischen. Die Petersilie waschen, trocken schütteln, die Blätter von den Stängeln zupfen und fein hacken. Unter den Salat mischen und alles ca. 30 Min. ziehen lassen.

3   Währenddessen für die Tofunaise den Seidentofu in Stücke schneiden und in einen hohen Rührbecher oder Mixer geben. Knoblauch schälen, grob würfeln und mit dem Senf und dem Zitronensaft zum Tofu geben. Fein pü-rieren, dabei nach und nach das Öl zugießen und untermixen. Die Tofunaise mit Salz und Pfeffer abschmecken.

4   Die Rauchmandeln grob hacken. Die Süßkartoffeln aus der Alufolie wickeln und auf Teller legen. Süßkartoffeln jeweils der Länge nach halbieren, dabei aber nicht ganz durchschneiden, stattdessen etwas auseinanderdrü-cken. Den Brokkolisalat auf den Süßkartoffeln verteilen. Jeweils einen Klecks Tofunaise daraufgeben, mit den Rauchmandeln und den Granatapfelkernen bestreuen. Die übrige Tofunaise extra dazu servieren.

TIPP

In Zeitnot? Wenn Sie den Brokkoli auf einer Gemüsereibe grob raspeln, geht es schneller, sieht aber etwas weniger schön aus.

AUSTAUSCH-BAR:

×

Der Salat schmeckt auch solo:
für eine fruchtig-süße Note
noch 25 g getrocknete Soft-
Aprikosen klein würfeln und
untermischen. Die Tofunaise
passt gut zu den Kohlrabi-
Fritten (siehe S. 40).

AUBERGINEN MIT JOGHURT UND HACKFLEISCH

ORIENTALISCH

FÜR 2 PERSONEN
ZUBEREITUNGSZEIT: *45 Min.*
RUHEZEIT: *20 Min.*
PRO PORTION: *ca. 885 kcal,*
31 g E, 69 g F, 36 g KH

FÜR DIE AUBERGINEN:
2 große Auberginen (à ca. 300 g)
Salz
½ Knoblauchzehe
5 EL Olivenöl
Pfeffer
1 kleiner Granatapfel
200 g griechischer Joghurt
    (10 % Fett)
½ TL gemahlener Kreuzkümmel
½ TL Pul Biber (nach Belieben)

FÜR DAS HACKFLEISCH:
1 kleine Zwiebel
½ Knoblauchzehe
2 EL Olivenöl
250 g Lammhackfleisch (ersatz-
    weise Rinderhackfleisch)
1 EL Tomatenmark
Salz
Pfeffer
1 ½ TL Ras-el-Hanout (orienta-
    lische Gewürzmischung)
3 Stängel Minze

1 **Auberginen waschen,** putzen und längs in ca. 1 cm breite Scheiben schneiden. Auf einen Teller legen, salzen und 15–20 Min. Wasser ziehen lassen. Danach kurz mit kaltem Wasser abbrausen und gut trocken tupfen. Den Backofen auf 200° vorheizen und ein Blech mit Backpapier auslegen.

2 **Den Knoblauch schälen,** durchpressen und mit 3 EL Öl verrühren. Die Auberginenscheiben auf einer Seite dünn damit bepinseln und mit dieser Seite nach unten auf das Blech legen. Oberseiten ebenfalls dünn bepinseln, salzen, pfeffern. Auberginen im heißen Ofen (Mitte) in 25–30 Min. hellbraun backen, dabei einmal wenden und mit dem Knoblauch-Öl bepinseln. Zuletzt den Backofengrill zuschalten, Auberginen nochmals bepinseln und in 3–5 Min. goldbraun grillen, dann herausnehmen.

3 **Inzwischen den Granatapfel** halbieren und die Kerne aus den Trennhäuten lösen. Den Joghurt mit 1–2 EL Wasser zu einer dicklichen Sauce verrühren. Mit Salz, Pfeffer und Kreuzkümmel würzen.

4 **Für das Hackfleisch** Zwiebel und Knoblauch schälen, fein würfeln. Öl in einer Pfanne erhitzen, Zwiebel und Knoblauch goldgelb darin andünsten. Hackfleisch zugeben und krümelig braun braten. Tomatenmark kurz mitrösten, salzen, pfeffern und alles mit 3–5 EL Wasser ablöschen. Ras-el-Hanout untermischen, bei kleiner Hitze ca. 5 Min. weitergaren. Die Minze waschen, trocken schütteln, Blättchen abzupfen und fein hacken. Mit der Hälfte der Granatapfelkerne unter das Hackfleisch rühren. Vom Herd nehmen.

5 **Die Auberginenscheiben** auf zwei Teller legen, Würz-Joghurt daraufstreichen und das Hackfleisch daraufgeben. Übrige Granatapfelkerne und die übrige Minze darüberstreuen. Mit Pul Biber oder Pfeffer bestreuen und mit den übrigen 2 EL Olivenöl beträufeln. Dazu passt frisches Fladenbrot.

- MEAT
Statt Hackfleisch geröstete Kichererbsen (siehe S. 150) verwenden.

KNUSPER-SPARGEL MIT ZITRONEN-LACHS

GANZ UNKOMPLIZIERT

FÜR 2 PERSONEN
ZUBEREITUNGSZEIT: *35 Min.*
PRO PORTION: *ca. 645 kcal,*
31 g E, 50 g F, 18 g KH

FÜR DEN LACHS:
1 Stück Lachsfilet (ca. 3 cm dick;
  ca. 250 g)
Salz
Pfeffer
½ Bio-Zitrone
Öl für das Backblech

FÜR DEN SPARGEL:
500 g grüner Spargel
1 EL Olivenöl
Salz

FÜR DIE ZITRONENBUTTER:
½ Bio-Zitrone
5 Stängel Petersilie
1 Knoblauchzehe
50 g weiche Butter
40 g Panko (asiatische Semmel-
  bröse; ersatzweise Semmel-
  bröse)

1 Den Backofen auf 225° vorheizen. Den Lachs unter kaltem Wasser abspülen, trocken tupfen und in zwei etwa gleich große Stücke schneiden. Mit Salz und Pfeffer würzen. Die Zitrone heiß waschen, trocken tupfen und in dünne Scheiben schneiden. Ein Backblech mit Backpapier auslegen und dieses dünn mit Öl bepinseln. Die Lachsfilets auf eine Seite des Backblechs legen, die Filets mit Zitronenscheiben belegen.

2 Den Spargel waschen, die holzigen Enden abschneiden und die Stangen im unteren Drittel schälen. Die Spargelstangen nebeneinander auf den noch freien Teil des Backblechs legen, mit Olivenöl beträufeln und salzen. Spargel und Lachs im heißen Ofen (Mitte) ca. 15 Min. garen.

3 Inzwischen für die Butter Zitrone heiß waschen, trocken tupfen und die Schale fein abreiben. Petersilie waschen, trocken schütteln, Blättchen von den Stängeln zupfen und fein hacken. Knoblauch schälen und durchpressen. Die Butter mit dem Zitronenabrieb, Petersilie und Knoblauch mithilfe einer Gabel gründlich vermengen. Panko zugeben, gut untermischen.

4 Das Backblech aus dem Ofen nehmen. Die Lachsfilets vom Blech nehmen und zugedeckt warm halten. Die Butter-Semmelbrösel-Mischung über den Spargel bröseln und den Spargel im heißen Ofen (Mitte) weitere 5 Min. backen, bis die Brösel goldbraun sind. Den Spargel mit den Lachsfilets auf Tellern anrichten und servieren.

- MEAT

Der Knusper-Spargel schmeckt auch als Veggie-Gericht, beispielsweise zu Kartoffelpüree (siehe S. 116) und wachsweich gekochten Eiern.

TIPP

Sind die Spargelstangen ähnlich dick, garen sie gleichmäßiger.

GEGRILLTER RADICCHIO MIT MANGOSAUCE UND RÄUCHERFORELLE

SCHNELL GEMACHT

FÜR 2 PERSONEN
ZUBEREITUNGSZEIT: *25 Min.*
PRO PORTION: *ca. 375 kcal,*
28 g E, 23 g F, 12 g KH

½ reife Mango
2 EL Crème fraîche
1 EL Zitronensaft
Salz
½ Bund Dill
2 Radicchio (à ca. 200 g)
2 EL Olivenöl
Pfeffer
2 geräucherte Forellenfilets

1   Für die Sauce das Mangofruchtfleisch vom Stein schneiden, schälen, grob würfeln und mit der Crème fraîche und dem Zitronensaft fein pürieren. Mit Salz abschmecken. Dill waschen, trocken schütteln, die Fähnchen von den Stängeln zupfen und fein schneiden.

2   Vom Radicchio die äußeren Blätter entfernen. Radicchio im Ganzen putzen, waschen und trocken tupfen. Die Köpfe längs halbieren, dann vierteln und je nach Größe achteln, sodass pro Kopf sechs bis acht Spalten entstehen. Dabei die Strünke nicht entfernen. Mit dem Öl vermengen, sodass die Spalten rundherum mit Öl überzogen sind.

3   Holzkohlegrill anheizen oder eine Grillpfanne stark erhitzen. Radicchio auf dem Grill oder in der Pfanne unter mehrmaligem Wenden 4–5 Min. grillen, bis er außen dunkle Stellen bekommt. Salzen und pfeffern. Radicchio mit den Forellenfilets auf Tellern anrichten, etwas Sauce daraufgeben und mit Dill bestreuen. Die übrige Sauce dazu servieren.

- MEAT

Servieren Sie 400 g Tofu oder 350 g Halloumi zum gegrillten Radicchio: den Tofu vor dem Braten zwischen zwei Lagen Küchenpapier kräftig ausdrücken, sodass möglichst viel Flüssigkeit austritt. Tofu in Scheiben schneiden und in heißem Öl von beiden Seiten kräftig anbraten. Den Halloumi ebenfalls in Scheiben schneiden und unter Wenden grillen.

TIPPS

Für die Sauce sollte die Mango reif und aromatisch sein. Das erkennen Sie daran, dass das Fruchtfleisch bei leichtem Fingerdruck auf die Schale etwas nachgibt. Stattdessen passen auch TK-Mangostücke, die man vor der Verwendung bei Zimmertemperatur auftauen lässt.

ROTE-BETE-PÄCKCHEN

FÜR 2 PERSONEN
ZUBEREITUNGSZEIT: *15 Min.*
BACKZEIT: *1 Std.*
PRO PORTION: *ca. 475 kcal,*
16 g E, 20 g F, 56 g KH

8 kleine Rote Bete (à 80–100 g)
1 Knoblauchzehe
5 Zweige Thymian
2 EL Olivenöl
gemahlener Piment
¼ TL gemahlener Kreuzkümmel
Salz
Pfeffer
1 EL Haselnusskerne
50 g Schafskäse (Feta)
½ (Vollkorn-)Baguette

AUSSERDEM:
2 Bögen Pergamentpapier
(ca. 30 × 30 cm; ersatzweise
Backpapier)
Küchengarn

1 **Den Backofen** auf 200° vorheizen. Rote-Bete-Knollen schälen (dabei am besten Einmalhandschuhe verwenden, da Rote Bete stark abfärbt). Je vier Knollen mittig auf einen Bogen Pergament- oder Backpapier setzen.

2 **Den Knoblauch schälen** und fein hacken. Den Thymian waschen, trocken schütteln und die Blättchen von den Stängeln streifen. Das Öl mit dem Knoblauch, dem Thymian, 2 Prisen Piment, Kreuzkümmel, Salz und Pfeffer verrühren. Das Würz-Öl über die Rote Bete träufeln. Das Papier jeweils über den Knollen zusammenführen und mit Küchengarn verschließen. Die beiden Rote-Bete-Päckchen im heißen Ofen (Mitte) ca. 1 Std. backen.

3 **Inzwischen die Haselnusskerne** in einer Pfanne ohne Fett rösten, bis sie duften. Herausnehmen und grob hacken. Die Päckchen aus dem Ofen nehmen und auf Tellern anrichten. Päckchen vorsichtig öffnen und die Rote Bete mit Haselnüssen bestreuen. Den Schafskäse darüberbröseln und die Rote-Bete-Päckchen mit frischem Baguette servieren.

+ MEAT

Die Rote Bete schmeckt zu gebratenen Lammlachsen: Dazu ca. 10 Min. vor Ende der Rote-Bete-Garzeit 350 g Lammlachse mit Salz und Pfeffer würzen. Eine ofenfeste, kleine Pfanne mit 2 EL Öl erhitzen und die Lammlachse mit ½ geschälten Knoblauchzehe unter Wenden ca. 2 Min. anbraten. 3 EL Rotwein angießen und die Lammlachse die letzten 4 Min. mit der Roten Bete im Ofen zu Ende garen.

TIPP

Garen Sie am besten gleich die doppelte Menge an Roter Bete, damit sich die lange Garzeit lohnt. Dann die zweite Hälfte der Knollen in schmale Scheiben schneiden und mit der Garflüssigkeit aus den beiden Päckchen sowie 1–2 EL Apfelessig zu einem Salat vermischen. Nach Belieben zusätzlich Feldsalat unterheben und mit Haselnüssen und zerbröckeltem Schafskäse (Feta) bestreuen.

TANDOORI-GEMÜSE MIT LINSEN UND KNUSPER-TOPPING

FÜR 2 PERSONEN
ZUBEREITUNGSZEIT: *50 Min.*
PRO PORTION: *ca. 535 kcal,*
21 g E, 27 g F, 51 g KH

FÜR DAS GEMÜSE:
300 g Bundmöhren mit Grün
   (siehe Info; ersatzweise
   Möhren)
1 Knolle Fenchel (ca. 250 g)
1 rote Zwiebel
1 TL Tandoori-Gewürzpulver
2 EL Olivenöl
1 TL Ahornsirup
Salz

FÜR DIE LINSEN:
125 g Beluga-Linsen
Salz

FÜR DIE RAITA:
5–6 Stängel Minze
125 g griechischer Joghurt
   (10 % Fett)
¼ TL gemahlener Kreuzkümmel
Salz

FÜR DAS KNUSPER-TOPPING:
¼ TL Chilipulver
1 EL Ahornsirup
1 TL Limettensaft
2 EL Kokoschips

1 **Den Backofen** auf 200° vorheizen. Die Möhren mit einer Gemüse-bürste unter fließendem Wasser gründlich waschen und gut trocken tupfen. Das Möhrengrün gerade abschneiden, dabei nach Belieben einen Ansatz dekorativ stehen lassen. Möhren je nach Dicke längs halbieren oder vierteln. Fenchel putzen, holzige Stiele entfernen und den Strunk flach abschneiden. Fenchel waschen, trocken tupfen und längs in ca. 3 mm schmale Scheiben schneiden. Zwiebel schälen, in schmale Spalten schneiden.

2 **Ein Backblech** mit Backpapier auslegen. Möhren, Fenchel und Zwiebel nebeneinander darauf ausbreiten. Tandoori-Gewürzpulver mit Olivenöl und Ahornsirup verrühren, salzen. Das Gemüse dünn damit bepinseln, dabei einmal wenden. Im heißen Ofen (Mitte) 30–35 Min. rösten.

3 **Inzwischen die Linsen** in einem Sieb kalt abspülen, abtropfen lassen. In einem Topf mit ausreichend Wasser aufkochen, bei mittlerer Hitze in ca. 25 Min. bissfest garen. Für die Raita Minze waschen, trocken schütteln, Blättchen von den Stängeln zupfen und bis auf einige Blättchen zum Garnie-ren fein hacken. Joghurt mit Minze und Kreuzkümmel verrühren, salzen.

4 **Für das Knusper-Topping** Chilipulver, Ahornsirup und Limettensaft verrühren. Kokoschips in einer Pfanne ohne Fett 1–2 Min. anrösten. Chili-Mischung unterrühren und unter Wenden weiterrösten, bis die Chips leicht karamellisieren und goldbraun werden. Aus der Pfanne nehmen.

5 **Die Linsen** gegen Garzeitende salzen, abgießen, kalt abschrecken und gut abtropfen lassen. Die Raita auf zwei Teller als »Spiegel« verteilen, die Linsen und das Tandoori-Gemüse darauf anrichten. Mit der übrigen Minze und dem Knusper-Topping garnieren.

INFO

Bundmöhren sind zarte, junge Möhren, die mit Grün verkauft werden. Sie haben einen feinen, süßlichen Geschmack.

SÜSSKARTOFFEL-FALAFEL
MIT ROTE-BETE-SALAT

RUNDE SACHE

FÜR 2 PERSONEN
ZUBEREITUNGSZEIT: *1 Std.*
PRO PORTION: *ca. 465 kcal,*
10 g E, 19 g F, 58 g KH

FÜR DIE FALAFEL:
250 g Süßkartoffeln
½ Dose Kichererbsen
    (120 g Abtropfgewicht)
1 kleine Zwiebel
1 Knoblauchzehe
1 EL Olivenöl
1 EL Mehl
1 Msp. Backpulver
½ TL gemahlener Kreuzkümmel
½ TL gemahlene Kurkuma
Salz

FÜR DEN SALAT:
1 TL Sesam
250 g vorgegarte Rote Bete
    (vakuumverpackt)
½ TL Senf
Dattelsirup (ersatzweise
    Agavendicksaft)
1 EL Orangensaft
1 TL Zitronensaft
Salz
Pfeffer
3 TL Rapsöl
½ Bund Koriandergrün
2 Frühlingszwiebeln
2 EL Granatapfelkerne

AUSSERDEM:
2 Portionen Tahinsauce (siehe
    S. 151, ersatzweise Fertig-
    produkt)

1   Für die Falafel Süßkartoffeln schälen, waschen, in grobe Stücke schneiden und in einen Dämpfeinsatz geben. Einen passenden Topf ca. 3 cm hoch (je nach Größe) mit Wasser füllen, Dämpfeinsatz in den Topf geben und das Wasser zum Kochen bringen. Die Süßkartoffeln über dem kochenden Wasser in 15–20 Min. zugedeckt weich garen. Inzwischen die Kichererbsen in ein Sieb abgießen, kalt abspülen und abtropfen lassen. Die Zwiebel und den Knoblauch schälen und fein würfeln.

2   Den Backofen auf 200° vorheizen. Ein Backblech mit Backpapier auslegen und das Papier dünn mit wenig Olivenöl einpinseln. Die Süßkartoffeln im Dämpfeinsatz aus dem Topf nehmen, ausdampfen und etwas abkühlen lassen. Dann mit den Kichererbsen, der Zwiebel, dem Knoblauch, Mehl, Backpulver, Kreuzkümmel, Kurkuma und 1 leicht gehäuften TL Salz in einen Blitzhacker geben und darin zu einer glatten Masse verarbeiten.

3   Die Süßkartoffel-Kichererbsen-Masse mit angefeuchteten Händen zu tischtennisballgroßen Bällchen oder etwas flacheren Talern formen. Auf das Backpapier legen, mit dem übrigen Olivenöl einpinseln. Im heißen Ofen (Mitte) in 35–40 Min. goldbraun backen, dabei nach ca. 20 Min. wenden.

4   Inzwischen für den Salat den Sesam in einer kleinen Pfanne ohne Fett anrösten, bis er duftet, dann abkühlen lassen. Rote Bete in schmale Scheiben schneiden (dabei am besten Einmalhandschuhe verwenden, da Rote Bete stark abfärbt). Für das Dressing den Senf mit 1 Spritzer Dattelsirup, Orangen- und Zitronensaft, Salz und Pfeffer verquirlen. Das Öl unterschlagen. Das Koriandergrün waschen, trocken schütteln und die Blättchen mitsamt der feinen Stängel fein hacken. Von den Frühlingszwiebeln die Wurzelansätze und die welken grünen Teile abschneiden. Die Frühlingszwiebeln waschen und samt Grün in feine Ringe schneiden.

5   Zum Servieren Rote Bete, Frühlingszwiebeln, Koriandergrün und Granatapfelkerne mit dem Dressing vermischen. Den Salat auf Teller verteilen und mit Sesam bestreuen. Die Falafel und die Tahinsauce dazu anrichten.

HASSELBACK-POTATOES
MIT PASTINAKEN-APFEL-ROHKOST

SCHWEDISCHE FÄCHERKARTOFFELN

FÜR 2 PERSONEN
ZUBEREITUNGSZEIT: *30 Min.*
GARZEIT: *1 Std.*
PRO PORTION: *ca. 765 kcal,*
26 g E, 43 g F, 67 g KH

FÜR DIE KARTOFFELN:
8 festkochende Kartoffeln
   (à ca. 80 g)
25 g Butter
3 dünne Scheiben Emmentaler
   (ca. 60 g)
8 dünne Scheiben Frühstücks-
   speck
Salz
Pfeffer

FÜR DIE ROHKOST:
1 Mandarine
100 g Joghurt
1 TL Meerrettich (aus dem Glas)
1 TL Weißweinessig
Salz
Pfeffer
200 g Pastinaken
1 kleiner Apfel (z. B. Boskop)
2 EL gehobelte Haselnusskerne
⅓ Bund Schnittlauch

1   Den Backofen auf 220° vorheizen. Die Kartoffeln mit einer Gemüse-bürste unter fließendem Wasser gründlich waschen und an einer breiten Sei-te längs einen dünnen, schmalen Streifen abschneiden, sodass die Kartoffel gut darauf stehen kann. Die Kartoffel auf der flach geschnittenen Stelle längs zwischen zwei parallel hingelegte Kochlöffelstiele legen. Mit einem großen, scharfen Messer die Kartoffel immer wieder quer mit je 1,5–2 mm Abstand bis unten zu den Löffelstielen einschneiden. Die Kochlöffel verhindern, dass die Kartoffel ganz durchgeschnitten wird, sodass sie unten noch gut zusam-menhält. Übrige Kartoffeln auf die gleiche Weise vorbereiten.

2   Ein Backblech mit Backpapier auslegen und die Kartoffeln darauflegen. Butter schmelzen und die Kartoffeln dünn damit bepinseln, übrige Butter beiseitestellen. Die Kartoffeln im heißen Ofen (Mitte) ca. 30 Min. garen, bis sich die Einschnitte fächerartig auseinanderzuklappen beginnen. Inzwischen Käse und Speck ungefähr auf die Größe der Einschnitte zuschneiden.

3   Kartoffeln aus dem Ofen nehmen und nochmals kräftig mit Butter bepinseln, sodass diese sich auch in den Einschnitten verteilt. Wenn die Ein-schnitte zusammenkleben, mit einem Messer vorsichtig nacharbeiten. Kar-toffeln salzen, pfeffern und abwechselnd Käse und Speck in die Einschnitte stecken. Kartoffeln im heißen Ofen (Mitte) in ca. 30 Min. fertig backen.

4   Inzwischen für die Rohkost die Mandarine halbieren und den Saft auspressen. Joghurt, Meerrettich und Essig verrühren. Gut die Hälfte des Mandarinensafts unterrühren, bis ein dickflüssiges Dressing entsteht, salzen und pfeffern. Die Pastinaken schälen, putzen und auf der Gemüsereibe grob raspeln. Den Apfel waschen, vierteln, das Kerngehäuse entfernen und die Viertel ebenfalls grob raspeln. Pastinaken- und Apfelraspel gleich mit dem Dressing vermischen und ca. 10 Min. ziehen lassen.

5   Die Haselnüsse in einer kleinen Pfanne ohne Fett rösten, bis sie leicht bräunen und duften, dann abkühlen lassen. Den Schnittlauch waschen, tro-cken schütteln und in Röllchen schneiden. Etwa die Hälfte des Schnittlauchs und nach Belieben noch etwas Mandarinensaft unter die Rohkost mischen. Den Salat mit den Haselnüssen und dem übrigem Schnittlauch bestreuen und zu den heißen Kartoffeln servieren.

TERIYAKI-SÜSSKARTOFFELN

FÜR 2–4 PERSONEN / ZUBEREITUNGSZEIT: *40 Min.*
PRO PORTION (4 PERSONEN): *ca. 125 kcal, 2 g E, 1 g F, 26 g KH*

Den Backofen auf 200° vorheizen. Ein Backblech mit Backpapier auslegen. **2 mittelgroße Süßkartoffeln (à ca. 250 g)** schälen, waschen, trocken tupfen und in ca. 2 cm große Würfel schneiden.

Die Süßkartoffeln mit **50 ml Teriyakisauce** (Asienladen) gründlich mischen und auf dem Blech verteilen. Im heißen Ofen (Mitte) ca. 30 Min. backen, dabei zweimal wenden.

Inzwischen **2 Frühlingszwiebeln** putzen, waschen und in Ringe schneiden. **1 TL geschälten Sesam** in einer Pfanne ohne Fett goldbraun rösten, herausnehmen. Die Teriyaki-Süßkartoffeln mit den Frühlingszwiebeln und dem Sesam bestreut servieren.

GLASIERTE PASTINAKEN

FÜR 2–4 PERSONEN / ZUBEREITUNGSZEIT: *35 Min.*
PRO PORTION (4 PERSONEN): *ca. 160 kcal, 2 g E, 8 g F, 19 g KH*

Den Backofen auf 180° vorheizen. **500 g Pastinaken** schälen, putzen und (je nach Dicke) der Länge nach halbieren oder vierteln. Ein Backblech mit Backpapier auslegen und die Pastinaken darauf verteilen.

4 EL Ahornsirup mit **1 EL Olivenöl** verrühren, **salzen**, **pfeffern** und über die Pastinaken träufeln. Im heißen Ofen (Mitte) ca. 20 Min. garen. **2 EL Pekannusskerne** grob hacken, über die Pastinaken streuen und weitere 5 Min. garen.

WÜRZIGER OFEN-BROKKOLI

FÜR 2–4 PERSONEN / ZUBEREITUNGSZEIT: *45 Min.*
PRO PORTION (4 PERSONEN): *ca. 110 kcal, 5 g E, 8 g F, 3 g KH*

Den Backofen auf 180° vorheizen. Ein Backblech mit Backpapier
auslegen. **500 g Brokkoli** waschen und in Röschen teilen. Den
Stiel rundherum schälen und in Stücke schneiden. Den Brokkoli
auf dem Blech verteilen.

1 **Knoblauchzehe** schälen und zu **3 TL Olivenöl** pressen.
1 TL Za´atar (Gewürzmischung; türkischer Supermarkt) und
½ TL Chiliflocken (Pul Biber) unterrühren, **salzen**, **pfeffern**.
Das Würz-Öl über den Brokkoli träufeln. Brokkoli im heißen
Ofen (Mitte) ca. 20 Min. backen. Inzwischen **3 Stängel Salbei**
waschen, trocken schütteln und die Blätter von den Stängeln
zupfen. **2 EL Mandeln (mit Haut)** grob hacken. Den Brokkoli
aus dem Ofen nehmen, die Mandeln und den Salbei darauf
verteilen. Weitere 10–15 Min. backen.

FÜR 2–4 PERSONEN / ZUBEREITUNGSZEIT: *35 Min.*
PRO PORTION (4 PERSONEN): *ca. 215 kcal, 8 g E, 19 g F, 4 g KH*

Den Backofen auf 200° vorheizen und ein Backblech mit Backpapier auslegen. Von 1 möglichst kompakten, festen **Wirsing (ca. 800 g)** die äußeren,
unschönen Blätter entfernen. Den Wirsingkopf waschen, trocken tupfen
und den Strunk unten gerade abschneiden. Dann den Wirsingkopf längs
in ca. 1,5 cm dicke Scheiben schneiden, sodass die Blätter möglichst nicht
auseinanderfallen und die Scheiben zusammenhalten.

1 **Knoblauchzehe** schälen, in ein Schälchen durchpressen und mit
5 EL Olivenöl verrühren. Die Wirsingscheiben beidseitig damit bepinseln
und auf das Backblech legen. Nach Belieben **80 g hauchdünn geschnittene Frühstücksspeckstreifen** zwischen die einzelnen Wirsingschichten
stecken. **Salzen**, **pfeffern** und die Wirsing-Steaks im heißen Ofen (Mitte)
25–30 Min. backen, bis sie schön weich und gebräunt sind.

WIRSING-STEAKS

INFO

Die Rezepte auf dieser Seite
sind für 2 Personen gedacht,
wenn das Gemüse als Hauptgericht (z. B. mit einem Salat
und einem Dip) serviert wird
oder wenn es das einzige
Gemüse in einer Bowl ist.
Wird das Gemüse dagegen
mit anderen Gemüsezube-
reitungen kombiniert (z. B. in
einer Bowl), sind die Rezepte
für 4 Personen passend.

ORIENTAL BOWL
MIT KNUSPER-KICHERERBSEN

KRÄUTER-BULGUR *siehe S. 150*	1
ROHE MÖHRENRASPEL	2
HALBTROCKENE OFENTOMATEN *siehe S. 150*	3
TAHINSAUCE *siehe S. 151*	4
KNUSPER-KICHERERBSEN *siehe S. 150*	5
WÜRZIGER OFEN-BROKKOLI *siehe S. 147*	6
RAUCHMANDELN	7

AUS DEM OFEN & VOM GRILL

AUSTAUSCH-BAR:

Statt der Tahinsauce schmeckt auch ein Dip mit Joghurt und Minze (siehe S. 42). Anstelle von Kichererbsen passen die Falafel (siehe S. 142), gebratenes Hähnchenfilet oder 100 g Schafskäse-Würfel (Feta). Das Gemüse lässt sich nach Lust und Laune austauschen, z. B. mit allen Rezepten von S. 146/147.

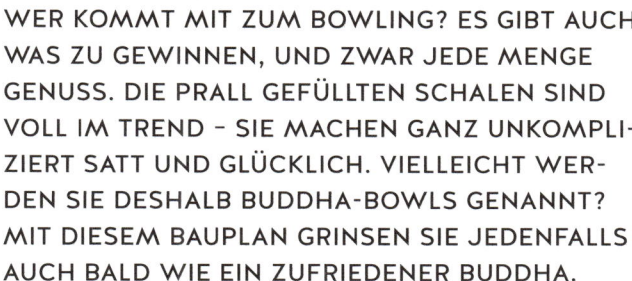

WER KOMMT MIT ZUM BOWLING? ES GIBT AUCH WAS ZU GEWINNEN, UND ZWAR JEDE MENGE GENUSS. DIE PRALL GEFÜLLTEN SCHALEN SIND VOLL IM TREND – SIE MACHEN GANZ UNKOMPLIZIERT SATT UND GLÜCKLICH. VIELLEICHT WERDEN SIE DESHALB BUDDHA-BOWLS GENANNT? MIT DIESEM BAUPLAN GRINSEN SIE JEDENFALLS AUCH BALD WIE EIN ZUFRIEDENER BUDDHA.

Schüsseln voller Glück

Für eine Bowl werden rohe und gekochte Leckereien in einer Schale (Bowl) angerichtet. Im besten Falle ergänzen sich die unterschiedlichen Bestandteile so, dass das Gericht lange satt macht und jede Menge Nährstoff-Power liefert.

Bowling-Basics

Erst direkt vor dem Genuss werden die einzelnen Bestandteile in der Bowl vermischt. Wählen Sie deshalb die Schale oder den Suppenteller nicht zu klein, damit beim Umrühren nichts rausfällt. Zum Mitnehmen alle Zutaten in ein passendes Schraubglas schichten und die Sauce extra einpacken.

Bauplan

– Sattmacher-Kohlenhydrate wie Reis, Nudeln, Quinoa & Co. (am besten in der Vollkornvariante) bilden die Basis
– Eiweißreiches wie Fleisch, Fisch, Eier, Tofu, Tempeh oder Hülsenfrüchte ergänzen die Grundlage
– Gemüse bringt Frische und Farbe, ideal sind zwei bis drei Sorten, z. B. zwei Portionen gegarte Gemüsesorten und eine Portion knackige Rohkost
– Saucen und Dips verbinden alle Zutaten
– Knackiges wie Sprossen, geröstete Kerne oder Nüsse sorgen für den Extra-Crunch
Bowls sind übrigens perfekte Reste-Verstecke: Ob einsame Möhre, Schnitzel- oder Reisreste: Zusammen mit den anderen Bestandteilen ergeben sie eine vollständige Mahlzeit.

Wie's funktioniert

Für 2 Bowls die Ofentomaten zuerst, dann Kräuter-Bulgur, Knusper-Kichererbsen, die Tahinsauce (alle Rezepte siehe S. 150/151) und Ofen-Brokkoli (siehe S. 147) zubereiten. 1 Möhre grob raspeln, Bulgur aufteilen. Gemüse, Kichererbsen, Sauce und 2 EL grob gehackte Rauchmandeln anrichten.

KRÄUTER-BULGUR

FÜR 2 PERSONEN
ZUBEREITUNGSZEIT: *35 Min.*
PRO PORTION: *ca. 265 kcal,*
8 g E, 6 g F, 42 g KH

1 kleine Zwiebel
4 getrocknete Soft-Aprikosen
1 EL Olivenöl
100 g Bulgur
Salz
½ Bund glatte Petersilie
¼ Bund Minze
Pfeffer

1 Die Zwiebel schälen und fein würfeln, die Soft-Aprikosen klein schneiden. Olivenöl in einem Topf erhitzen und die Zwiebel darin andünsten. Bulgur unterrühren, Aprikosen zugeben und 175 ml Wasser angießen. Salzen, aufkochen lassen und zugedeckt ca. 20 Min. köcheln. Dann vom Herd nehmen und weitere 5 Min. zugedeckt quellen lassen.

2 Inzwischen Petersilie und Minze waschen, trocken schütteln, Blättchen von den Stängeln zupfen, fein hacken und unter den Bulgur rühren. Mit Salz und Pfeffer abschmecken, mit einer Gabel etwas auflockern und in Bowls anrichten.

INFO

Die Rezepte »Halbtrockene Ofentomaten« und »Knusper-Kichererbsen« sind jeweils für 2 Personen gedacht, wenn sie als Hauptgericht (z. B. mit einem Salat und einem Dip) serviert werden oder wenn sie das einzige Gemüse in einer Bowl sind. Werden sie dagegen mit anderen Gemüsezubereitungen kombiniert (z. B. in einer Bowl), sind beide Rezepte für jeweils 4 Personen passend.

HALBTROCKENE OFENTOMATEN

FÜR 2–4 PERSONEN
ZUBEREITUNGSZEIT: *10 Min.*
GARZEIT: *3 Std.*
PRO PORTION (4 PERSONEN): *ca. 67 kcal,*
1 g E, 5 g F, 4 g KH

400 g Kirschtomaten
2 Zweige Rosmarin
2 Knoblauchzehen
2 EL Olivenöl
Salz

1 Den Backofen auf 100° vorheizen. Ein Backblech mit Backpapier auslegen. Die Tomaten waschen, trocken tupfen, halbieren und mit der Schnittfläche nach oben auf dem Blech verteilen.

2 Rosmarin waschen und trocken schütteln, die Nadeln abzupfen und über die Tomaten streuen. Knoblauch schälen, grob hacken und auf den Tomaten verteilen. Die Tomaten mit Öl beträufeln und mit etwas Salz bestreuen. Im heißen Ofen (Mitte) 2 ½–3 Std. backen, bis sie klein und eingeschrumpelt sind. Lauwarm oder kalt servieren.

TIPP

Um einen kleinen Vorrat für Bowls, Salate oder Pastagerichte zu haben, die Ofentomaten in ein sauberes Schraubglas schichten, mit etwas Olivenöl bedecken und kühl stellen. So sind sie ca. 1 Woche haltbar.

TAHINSAUCE

FÜR 2 PERSONEN
ZUBEREITUNGSZEIT: *5 Min.*
PRO PORTION: *ca. 145 kcal,*
4 g E, 12 g F, 2 g KH

60 g Joghurt
2 EL helles Tahin (Sesampaste)
1 TL Zitronensaft
1 kleine Knoblauchzehe (nach Belieben)
Salz

1   Den Joghurt mit Tahin, dem Zitronensaft
und 30–40 ml Wasser in einen hohen Rührbecher
geben und mit dem Stabmixer zu einer dickflüssi-
gen, aber nicht zu festen Sauce glatt mixen.

2   Nach Belieben die Knoblauchzehe schälen,
in gröbere Stücke schneiden und unter die Sauce
mixen. Mit Salz und Zitronensaft abschmecken.
Gekühlt ist die Tahinsauce bis zu 1 Woche haltbar.

KNUSPER-KICHER-ERBSEN

FÜR 2–4 PERSONEN
ZUBEREITUNGSZEIT: *30 Min.*
PRO PORTION (4 PERSONEN): *ca. 87 kcal,*
3 g E, 6 g F, 6 g KH

1 Dose Kichererbsen (240 g Abtropfgewicht)
2 EL Rapsöl
1 TL geräuchertes Paprikapulver
Salz

1   Den Backofen auf 225° Grad vorheizen und ein
Backblech mit Backpapier auslegen. Kichererbsen
abgießen, kalt abspülen, abtropfen lassen und gut
mit Küchenpapier trocken tupfen.

2   Das Rapsöl mit Paprikapulver und ½ TL Salz
verrühren und das Würz-Öl gründlich mit den
Kichererbsen vermischen. Kichererbsen auf dem
Backblech ausbreiten und im heißen Ofen (Mitte)
in 15–18 Min. knusprig backen, dabei nach der
Hälfte der Backzeit einmal gut durchrütteln. Die
Knusper-Kichererbsen warm oder kalt servieren. In
einer gut schließenden Dose bleiben die ausgekühlten Kichererbsen ca. 3 Tage frisch.

ZUCCHINI-ROLLATINI

FIX EINGEWICKELT

FÜR 2 PERSONEN
ZUBEREITUNGSZEIT: *30 Min.*
BACKZEIT: *20 Min.*
PRO PORTION: *ca. 440 kcal,*
17 g E, 33 g F, 18 g KH

1 Zwiebel
1 Knoblauchzehe
3 EL Olivenöl
1 TL getrocknete italienische
  Kräuter (z. B. Oregano,
  Rosmarin, Thymian)
1 Dose stückige Tomaten (400 g)
Salz
Pfeffer
2 Zucchini (ca. 500 g)
3 Stängel Basilikum
50 g Baby-Spinat
250 g Ricotta
frisch geriebene Muskatnuss

1   Für die Tomatensauce die Zwiebel und den Knoblauch schälen und fein würfeln. 1 EL Öl in einem Topf erhitzen und die Zwiebel darin andünsten. Den Knoblauch, die getrockneten Kräuter und die Tomaten zugeben. Aufkochen lassen und bei mittlerer Hitze offen 10–15 Min. einkochen lassen. Die Sauce mit Salz und Pfeffer abschmecken.

2   Inzwischen die Zucchini waschen, putzen und der Länge nach in ca. 3 mm dicke Scheiben schneiden. Die Scheiben salzen. Nach und nach 2 EL Öl in einer beschichteten Pfanne erhitzen. Die Zucchinischeiben darin portionsweise pro Seite 2–3 Min. braten. Auf Küchenpapier abtropfen lassen.

3   Den Backofen auf 200° vorheizen. Für die Zucchini-Füllung das Basilikum waschen, trocken schütteln, die Blätter von den Stängeln zupfen und fein hacken. Den Spinat putzen und verlesen, waschen, trocken schleudern und fein hacken. Den Ricotta mit Basilikum und Spinat verrühren. Mit Salz, Pfeffer und etwas Muskatnuss würzen.

4   Tomatensauce in eine flache Auflaufform geben. Je 1 knappen TL der Ricotta-Spinat-Füllung auf die Zucchinischeiben geben und die Scheiben straff einrollen. Die Rollatini in die Tomatensauce legen und nach Belieben die übrige Füllung daraufklecksen. Im heißen Ofen (Mitte) ca. 20 Min. backen. Die Rollatini in tiefen Tellern auf der Tomatensauce anrichten und nach Geschmack nochmals mit Pfeffer würzen.

+ MEAT

Legen Sie jeweils ½ Scheibe Kochschinken auf die Zucchinischeiben, dann die Füllung daraufgeben und einrollen.

TIPP

Statt der Zucchinischeiben können Sie auch Auberginenscheiben (oder eine Mischung aus beiden) mit der Füllung bestreichen und aufwickeln.

GEFÜLLTER KÜRBISBRATEN MIT ORANGEN-NUSS-SAUCE

VEGGIE-PRUNKSTÜCK

FÜR 4 PERSONEN

ZUBEREITUNGSZEIT:
1 Std. 45 Min.

PRO PORTION: *ca. 475 kcal,*
16 g E, 19 g F, 65 g KH

FÜR DEN KÜRBISBRATEN:
120 g Langkornreis
100 g Le-Puy-Linsen
Salz
1 Butternuss-Kürbis (ca. 1 kg)
1 Zwiebel
1 Knoblauchzehe
100 g Baby-Grünkohl (ersatz-
weise Baby-Spinat)
3 Zweige Rosmarin
3 TL Olivenöl
2 EL getrocknete Cranberrys
½ TL Zimtpulver
frisch geriebene Muskatnuss
Pfeffer
1 Ei (M)

FÜR DIE SAUCE:
1 Zwiebel
1 TL Öl
100 ml Orangensaft
1 EL gemischtes Nussmus (er-
satzweise Haselnussmus)
100 g Schlagsahne
Salz
Pfeffer
gemahlener Piment

AUSSERDEM:
Küchengarn

FAKE MEAT!

1 Reis und Linsen getrennt voneinander in einem Sieb kalt abspülen und nach Packungsanweisung je ca. 20 Min. in Salzwasser garen. Inzwischen den Kürbis waschen, trocken tupfen und längs halbieren. Kerne und Fäden mit einem Löffel herauskratzen. Die Kürbishälften mithilfe eines spitzen Messers, eines Löffels und eines stabilen Kugelausstechers aushöhlen, sodass rundherum noch ca. 1 cm Rand stehen bleibt. Fruchtfleisch beiseitelegen. Die Kürbishälften mit dem spitzen Messer von außen mehrfach ringsum einstechen.

2 Reis und Linsen abgießen, gut abtropfen und abkühlen lassen. Den Backofen auf 200° vorheizen. Zwiebel und Knoblauch schälen und fein würfeln. Grünkohl putzen, waschen, trocken schleudern und grob hacken. Den Rosmarin waschen, trocken schütteln, Nadeln abzupfen und fein hacken. 2 TL Öl in einer Pfanne erhitzen, Zwiebel darin anschwitzen. Knoblauch, Grünkohl und Rosmarin zugeben und unter Rühren ca. 5 Min. andünsten. Cranberrys grob hacken und unterrühren. Mischung etwas abkühlen lassen.

3 Für die Füllung Reis und Linsen mit der Grünkohl-Mischung verrühren. Kräftig mit Zimt, Muskat, Salz und Pfeffer würzen, Ei gut unterrühren. Die Kürbishälften innen leicht salzen. Die Füllung gleichmäßig jeweils bis zum Rand der Kürbishälften einfüllen und glatt streichen. Kürbishälften zusammensetzen, mit Küchengarn mehrmals umwickeln und verschnüren. Den Kürbisbraten auf einem mit Backpapier ausgelegten Backblech rundherum mit 1 TL Öl einpinseln. Im heißen Ofen (Mitte) ca. 1 Std. garen, dabei nach der Hälfte der Garzeit einmal wenden.

4 Inzwischen für die Sauce die Zwiebel schälen und fein würfeln, das Kürbisfleisch grob würfeln. Öl in einem Topf erhitzen, die Zwiebel darin anschwitzen. Das Kürbisfleisch zugeben und unter Rühren ca. 5 Min. andünsten. Orangensaft und 50 ml Wasser zugießen, aufkochen und zugedeckt ca. 10 Min. köcheln lassen, bis der Kürbis weich ist. Vom Herd nehmen, das Nussmus und die Sahne einrühren und alles fein pürieren. Mit Salz, Pfeffer und 1 Prise Piment abschmecken. Den Kürbisbraten aus dem Ofen nehmen, vorsichtig in Scheiben schneiden und mit der Sauce servieren.

TIPP

Falls Füllung übrig bleibt, diese in eine kleine, flache Auflaufform füllen und glatt streichen. Die letzten 25 Min. im Ofen (Mitte) mit dem Kürbis garen und zum Braten servieren.

AUS DEM OFEN & VOM GRILL

FÜR 6 PERSONEN
ZUBEREITUNGSZEIT: *35 Min.*
GRILLZEIT: *1 Std. 30 Min.*
PRO PORTION: *ca. 360 kcal,*
13 g E, 14 g F, 40 g KH

1 kleine Dose Bier (0,33 l)
1 Rotkohl (ca. 1,2 kg)
6 EL Barbecuesauce (Fertig-
    produkt)
1 Möhre
1 kleine Zwiebel
1 kleiner Apfel
2 EL Mayonnaise
1 EL Joghurt
1 TL Apfelessig
1 TL mittelscharfer Senf
Salz
Pfeffer
¼ TL flüssiger Honig
6 Hamburger-Brötchen
12 Salatblätter (z. B. Eisberg- oder
    Römersalat)
3 Gewürzgurken
6 Scheiben Bergkäse (à ca. 20 g)

BEERCAN-CABBAGE-BURGER

FAKE MEAT!

ROTKOHL MIT RAUCHIGEM BIER-AROMA – EINE PERFEKTE
GRUNDLAGE FÜR VEGGIE-BURGER! SCHON DAS GRILLEN
DES KOHLKOPFS AUF DER BIERDOSE MACHT LAUNE. DER
»BEERCAN-CABBAGE« SCHMECKT ABER AUCH SUPER
AUF NORMALEN BURGERN MIT HACKFLEISCH ODER ALS
BEILAGE ZU GEGRILLTEN STEAKS. UND WER NOCH WAS
SCHWEINISCHES AUF DIE BURGER HABEN WILL: 1 SCHEIBE
FRÜHSTÜCKSSPECK MITGRILLEN.

1 Einen Kugelgrill mit Deckel kräftig anheizen, am besten mit Briketts, damit die Glut lange hält. Alternativ den Backofen auf 250° vorheizen und den Backofengrill zuschalten (möglichst Umluft). Die Bierdose öffnen, die Hälfte des Biers ausgießen. Den Rotkohl waschen und trocken tupfen. Vom Strunk aus mithilfe eines kleinen Messers ein bierdosenbreites, ca. 12 cm tiefes Loch in den Rotkohl schneiden, sodass der Kohl auf die Bierdose passt. Den herausgeschnittenen Kohl beiseitelegen.

2 Den Kohlkopf auf die Bierdose stecken und auf den Grillrost stellen (im Backofen unten, Fettpfanne). Kohl mit ca. 1 EL Barbecuesauce einpinseln. Grilldeckel schließen und den Kohl je nach Größe 1 Std. 15 Min.–1 Std. 30 Min. grillen, dabei alle 20 Min. mit etwas Barbecuesauce einpinseln. Der Kohl ist gar, wenn er sich mit einem spitzen Messer leicht einstechen lässt.

3 Inzwischen die harten Struntteile vom ausgeschnittenen Kohl entfernen und den Rest klein hacken. Die Möhre mit einer Gemüsebürste unter fließendem Wasser gründlich waschen, putzen und grob raspeln. Zwiebel schälen und fein würfeln. Apfel waschen, vierteln, entkernen und grob raspeln. Mayonnaise, Joghurt, Essig und Senf glatt rühren. Mit Salz, Pfeffer und Honig abschmecken. Die vorbereiteten Zutaten untermischen.

4 Kurz bevor der Kohl fertig ist, die Hamburger-Brötchen aufschneiden, mit den Schnittseiten nach unten auf den Grill legen und 2–3 Min. rösten. Die Salatblätter waschen und trocken schleudern, Gurken längs in schmale Scheiben schneiden.

5 Den Kohl samt Bierdose vorsichtig vom Grill nehmen und etwas abkühlen lassen. Mithilfe eines Grillhandschuhs und einer Grillzange den Kohl von der Bierdose (Vorsicht, sie enthält noch heißes Bier!) ziehen. Die äußeren, verbrannten Kohlblätter entfernen. Den Rotkohl zuerst längs halbieren, dann die Hälften quer halbieren. Die Stücke in Streifen schneiden und mit der übrigen Barbecuesauce (2–3 EL) vermischen. Die Brötchen-Unterteile mit jeweils 2 Salatblättern, ca. 2 EL Beercan-Cabbage und 1 Scheibe Käse belegen. Jeweils 2 TL Krautsalat und die Gurkenscheiben darauf verteilen, dann mit den Brötchen-Oberteilen abdecken. Die Burger gleich servieren, den übrigen Beercan-Cabbage und den übrigen Krautsalat dazu reichen.

KICHERERBSEN-SOCCA
MIT TOMATEN UND RUCOLA

SÜDFRANZÖSISCHE PIZZA

FÜR 2 PERSONEN
ZUBEREITUNGSZEIT: *30 Min.*
RUHEZEIT: *1 Std.*
BACKZEIT: *40 Min.*
PRO PORTION: *ca. 1.015 kcal,*
38 g E, 68 g F, 56 g KH

**FÜR DEN KICHERERBSEN-
SOCCA-TEIG:**
150 g Kichererbsenmehl
Salz
½ Knoblauchzehe
5 EL Olivenöl
⅓ TL Kräuter der Provence
  (nach Belieben)

FÜR DIE OFENTOMATEN:
200 g Kirschtomaten
2 Knoblauchzehen
1 Zweig Rosmarin
1 EL Olivenöl
Salz
Pfeffer
⅓ TL Zucker

AUSSERDEM:
300 g bunte Tomaten
Salz
Pfeffer
1 Bund Rucola
½ Bund Basilikum
200 g Burrata (italienischer
  Frischkäse, ersatzweise
  Büffel-Mozzarella)
8 schwarze Oliven
Olivenöl zum Beträufeln (nach
  Belieben)

1 **Das Kichererbsenmehl** mit ¾ TL Salz in einer Schüssel vermischen. Ca. 300 ml Wasser mit dem Schneebesen unterrühren, bis ein eher flüssiger Teig entsteht. Knoblauch schälen, durchpressen, mit 2 EL Olivenöl und den Kräutern der Provence unter den Teig rühren. Teig zugedeckt ca. 1 Std. quellen lassen. Ist der Teig danach dicker geworden, 1–2 EL Wasser unterrühren.

2 **Inzwischen für die Ofentomaten** Backofen auf 220° vorheizen. Die Kirschtomaten waschen, halbieren und mit den Schnittflächen nach oben möglichst dicht an dicht in eine ofenfeste Form legen. Knoblauch schälen, in Scheiben schneiden und Rosmarin waschen, Nadeln abzupfen. Beides zwischen den Tomaten verteilen. Mit Olivenöl beträufeln, leicht salzen, pfeffern und mit Zucker bestreuen. Tomaten im heißen Ofen (Mitte) 20–25 Min. garen, bis sie leicht bräunen und einschrumpeln.

3 **Währenddessen** die bunten Tomaten waschen, quer in dünne Scheiben schneiden und je nach Größe nochmals halbieren, dabei Stielansätze entfernen. Tomaten leicht salzen und pfeffern. Rucola putzen, waschen, trocken schleudern, grobe Stängel entfernen und die Blätter nach Belieben kleiner zupfen. Basilikum waschen, trocken schütteln, Blätter abzupfen und nach Belieben grob zerzupfen. Burrata trocken tupfen und in Stücke schneiden oder grob zerzupfen. Oliven längs vierteln und entsteinen.

4 **Tomaten aus dem Ofen** nehmen. Für die Socca eine ofenfeste (Gusseisen-)Pfanne oder eine Tarteform (ca. 26 cm Ø) auf der mittleren Schiene erhitzen. Dann vorsichtig herausnehmen (heiß!) und auf einem Topfuntersetzer abstellen. 1 ½ EL Olivenöl darin verteilen. Die Hälfte des Teigs hineingeben und schnell glatt streichen. Die Socca in den Ofen (Mitte) stellen und in 15–18 Min. goldbraun knusprig backen.

5 **Die Socca vorsichtig** aus der Pfanne lösen und auf ein Kuchengitter legen. 1 ½ EL Öl in die Pfanne geben und aus dem restlichen Teig auf die gleiche Weise eine zweite Socca backen. Diese ebenfalls abkühlen lassen, alternativ die erste Socca nochmals kurz im Ofen erhitzen. Dann die Fladen auf zwei Teller geben. Die rohen Tomaten, die Ofentomaten, Oliven, Burrata, Rucola und Basilikum darauf anrichten. Mit Pfeffer übermahlen und nach Belieben mit etwas Olivenöl beträufeln.

FLAMMKUCHEN MIT SPECK, ENDIVIE, PILZEN UND WALNÜSSEN

FÜR 4 PERSONEN
ZUBEREITUNGSZEIT: *45 Min.*
RUHEZEIT: *45 Min.*
BACKZEIT: *30 Min.*
PRO PORTION: *ca. 650 kcal,*
17 g E, 39 g F, 58 g KH

FÜR DEN TEIG:
200 g Weizenmehl (Type 550)
100 g Roggenmehl
Salz
½ Pck. Trockenhefe (ca. 4 g)
1 EL Olivenöl

FÜR DEN BELAG:
100 g durchwachsener Räucher-
 speck (in ca. 4 mm dicke
 Scheiben schneiden lassen)
200 g Endiviensalat
1 große rote Zwiebel
200 g braune Champignons
3 Zweige Thymian
3 EL Olivenöl
Salz
Pfeffer
100 g Crème fraîche
50 g saure Sahne
1 EL körniger Senf
4 EL Walnusskerne

1   Weizen- und Roggenmehl mit ½ TL Salz und der Hefe vermischen. Das Olivenöl und ca. 150 ml lauwarmes Wasser zugießen. Mit den Knethaken des Handrührgeräts oder der Küchenmaschine auf kleinster Stufe kneten, bis sich alle Zutaten verbinden. Dann ca. 6 Min. auf höchster Stufe zu einem glatten, elastischen Teig kneten. Diesen in eine mit Mehl ausgestäubte Schüssel geben, mit einem sauberen Geschirrtuch abdecken und an einem warmen Ort ca. 45 Min. gehen lassen.

2   Inzwischen für den Belag die Speckscheiben quer in dünne Streifen schneiden. Endivie putzen, in ca. 1,5 cm breite Streifen schneiden, evtl. kleinere Blätter ganz belassen, Endivie waschen und trocken schleudern. Zwiebel schälen, längs halbieren und in dünne oder nach Belieben in größere Spalten schneiden. Champignons mit einem Küchenpapier sauber abreiben, putzen und in ca. 4 mm dicke Scheiben schneiden. Thymian waschen, trocken schütteln, Blättchen abzupfen und fein hacken. Die Hälfte des Olivenöls in einer Pfanne erhitzen, Pilze und Zwiebel darin bei großer Hitze 2–3 Min. braten, leicht salzen und pfeffern. Den Thymian kurz mitbraten und die Pilze aus der Pfanne nehmen. Pfanne mit einem Küchenpapier sauber wischen.

3   Die andere Hälfte des Öls in der Pfanne erhitzen und den Speck darin braten, bis er schön gebräunt ist und viel Fett abgegeben hat. Aus der Pfanne heben, dabei möglichst viel Fett abtropfen lassen und dieses in der Pfanne belassen. Crème fraîche, saure Sahne und Senf verrühren, mit Salz und Pfeffer würzen. Walnusskerne grob hacken.

4   Den Backofen auf 250° vorheizen, zwei Backbleche mit Backpapier auslegen. Den Teig auf einer bemehlten Arbeitsfläche durchkneten, in zwei Portionen teilen und diese jeweils so dünn wie möglich zu Fladen ausrollen. Beide Fladen auf jeweils ein Blech legen und gleichmäßig mit der Crème-fraîche-Mischung bestreichen. Mit Speck, Zwiebeln und Pilzen bestreuen. Den ersten Fladen im heißen Ofen (unten) ca. 10 Min. backen.

5   Inzwischen Speckfett erhitzen und vom Herd nehmen, Endivie darin wenden. Den Fladen kurz aus dem Ofen ziehen, die Hälfte Salat und die Hälfte Walnüsse darauf verteilen. Im heißen Ofen in weiteren 5 Min. fertig backen. Dann in Stücke schneiden und heiß servieren. Den zweiten Flammkuchen auf die gleiche Weise fertig zubereiten.

KÜRBIS-TARTE-TATIN MIT ZIEGENKÄSE

PERFEKTES GÄSTEESSEN

FÜR 4 PERSONEN
ZUBEREITUNGSZEIT: *35 Min.*
BACKZEIT: *20 Min.*
PRO PORTION: *ca. 595 kcal,*
12 g E, 36 g F, 62 g KH

1 Pck. Blätterteig
   (270 g; Kühlregal)
3 rote Zwiebeln
1 EL Öl
50 ml Orangensaft
Salz
Pfeffer
1 kleiner Hokkaido-Kürbis
   (ca. 800 g)
5 Zweige Thymian
½ Vanilleschote
2 EL Butter
2 EL flüssiger Honig
1 EL Kürbiskerne
100 g Ziegenfrischkäsetaler

AUSSERDEM:
Tarteform (ca. 28 cm Ø)

1 Den Blätterteig in der Packung Zimmertemperatur annehmen lassen. Zwiebeln schälen, halbieren und in schmale Scheiben schneiden. Das Öl in einer Pfanne erhitzen und die Zwiebeln ca. 10 Min. darin andünsten, dabei ab und zu umrühren. Den Orangensaft zugießen und die Zwiebeln ca. 5 Min. darin schmoren. Salzen und pfeffern.

2 Inzwischen Kürbis waschen, halbieren, entkernen und mitsamt Schale in ca. 1 cm breite Spalten schneiden. Diese in kochendes Salzwasser geben und 3–4 Min. vorgaren. Die Kürbisspalten mit einem Schaumlöffel aus dem Wasser heben, kalt abschrecken und auf Küchenpapier abtropfen lassen.

3 Eine Tarteform (ca. 28 cm Ø) mit Backpapier auslegen und den Backofen auf 200° vorheizen. Thymian waschen, trocken schütteln und die Blättchen von den Stängeln streifen. Vanilleschote längs aufschneiden und das Mark herauskratzen. Butter in einer kleinen, beschichteten Pfanne schmelzen, Honig einrühren und goldbraun karamellisieren lassen (nicht zu dunkel, sonst schmeckt der Karamell bitter). Thymian und Vanillemark einrühren und den Karamell sofort gleichmäßig in der Tarteform verteilen. Kürbisspalten und geschmorte Zwiebeln daraufgeben. Den Blätterteig entrollen und über die Tartefüllung legen. Den überstehenden Teigrand rundherum am Rand nach unten in die Form drücken. Die Tarte im heißen Ofen (Mitte) ca. 20 Min. backen. Die Pfanne auswischen.

4 Die Tarte 5–10 Min. abkühlen lassen. Inzwischen die Kürbiskerne in der Pfanne ohne Fett rösten. Eine Kuchenplatte oder ein großes Küchenbrett auf die Tarteform legen und alles umdrehen. Dann die Form samt Backpapier entfernen. Den Ziegenkäse über die Tarte bröseln und die Tarte mit Kürbiskernen bestreuen. Dazu schmeckt Feldsalat.

NO MEAT

WIRSING-PIZZA MIT SALSICCIA

MIT ÜBERRASCHUNGSTEIG

FÜR 4 PERSONEN
ZUBEREITUNGSZEIT: *50 Min.*
BACKZEIT: *40 Min.*
PRO PORTION: *ca. 620 kcal,*
29 g E, 48 g F, 17 g KH

FÜR DEN TEIG:
250 g Wirsing (die äußeren
*   schönen Blätter)*
3 Scheiben altbackenes
*   Toastbrot*
50 g Mandeln
80 g geriebener Emmentaler
3 Eier (M)
2 EL Olivenöl
Salz
Pfeffer
frisch geriebene Muskatnuss

FÜR DEN BELAG:
2 Knoblauchzehen
3 EL Olivenöl
½ Dose stückige Tomaten
*   (200 g)*
Salz
Pfeffer
200 g Wirsing (die inneren
*   Blätter)*
2 Zwiebeln
125 ml Gemüsebrühe
2 Salsicce (italienische grobe
*   Bratwurst; ca. 150 g)*
100 g geriebener Mozzarella
*   (Fertigprodukt, ersatzweise*
*   Emmentaler)*

1   Für den Teig äußere Wirsingblätter waschen, sehr dicke Strünke unten herausschneiden und ca. 200 g Blätter grob zerschneiden. Die Toastbrote grob würfeln und die Mandeln fein mahlen. Alles mit Emmentaler, Eiern und Öl (bei Bedarf in mehreren Etappen) fein pürieren. Mit Salz, Pfeffer und Muskat würzen.

2   Für den Belag die Knoblauchzehen schälen und fein würfeln. In einem Topf 1 EL Olivenöl erhitzen, die Hälfte des Knoblauchs darin andünsten. Die Tomaten zugeben, salzen und pfeffern. Die Sauce offen bei mittlerer Hitze in 15–20 Min. leicht einkochen lassen.

3   Den inneren Teil des Wirsings vierteln, Strunk herausschneiden. Den Wirsing in ca. 1 cm breite, nicht zu lange Streifen schneiden, waschen und trocken schleudern. Die Zwiebeln schälen, längs halbieren und in Spalten schneiden. Das übrige Öl (2 EL) in einer beschichteten Pfanne erhitzen, die Zwiebeln und den übrigen Knoblauch darin anbraten, Wirsing zugeben und unter Rühren 1–2 Min. anbraten. Salzen und pfeffern, mit Gemüsebrühe ablöschen. Offen bei mittlerer Hitze unter gelegentlichem Rühren 10–12 Min. garen, bis die Flüssigkeit ganz verdampft ist. Etwas abkühlen lassen.

4   Inzwischen den Backofen auf 180° (Umluft) vorheizen, zwei Backbleche mit Backpapier auslegen. Die pürierte Kohl-Mischung für den Teig halbieren und die Hälften auf jeweils einem Blech mit einem Löffelrücken zu zwei möglichst dünnen Pizzafladen (je 28–30 cm Ø) ausstreichen und glätten. Beide Fladen im heißen Ofen gemeinsam 20–25 Min. backen, bis sie fest und leicht gebräunt sind.

5   Währenddessen die Bratwürste längs aufschlitzen, das Brät herausdrücken und in kleine Stücke zupfen. Die Fladen aus dem Ofen nehmen, Backtemperatur auf 225° (Umluft) erhöhen. Tomatensauce zügig auf den Fladen glatt streichen. Mozzarella mit Wirsinggemüse mischen und darauf verteilen, Wurststücke darübergeben. Die Pizzen wieder in den heißen Ofen schieben und in 12–15 Min. fertig backen.

LOW MEAT

WIRSING UND WURST KLINGT ERSTMAL DEFTIG, KOMMT UNS HIER ABER GANZ SCHÖN
ITALIENISCH VOR. KAUFEN SIE DAFÜR RUHIG EINEN GANZEN KLEINEN WIRSING: DIE
INNEREN BLÄTTER SIND FÜR DEN BELAG – UND DIE ÄUSSEREN WANDERN IN DEN PIZZATEIG!

AUS DEM OFEN & VOM GRILL

SIND DIE SÜSS!

Farbenfrohe Kuchen,
Cremes & Eis

BLUMENKOHL-MILCHREIS MIT KARAMELLISIERTEN ÄPFELN

KOHLENHYDRATARME VARIANTE

FÜR 2 PERSONEN
ZUBEREITUNGSZEIT: *30 Min.*
PRO PORTION: *ca. 485 kcal,*
11 g E, 13 g F, 76 g KH

FÜR DIE KARAMELLISIERTEN ÄPFEL:
2 große Äpfel (z. B. Idared, Cox Orange)
2 EL Zitronensaft
2 ½ EL Rohrohrzucker
1 EL Butter
2 EL Honig
2 EL Calvados (ersatzweise 4 EL Apfelsaft)

FÜR DEN BLUMENKOHL-MILCHREIS:
1 kleiner Blumenkohl (450 g)
350 ml Milch
½ TL Zimtpulver
2 ½ EL Rohrohrzucker

1 Die Äpfel waschen und die Kerngehäuse mit einem Apfelausstecher oder einem Messer entfernen. Dann die Äpfel quer in ca. 0,5 cm dünne Scheiben schneiden oder hobeln. Die Apfelscheiben gleich in Zitronensaft wenden, damit sie nicht braun werden.

2 Für den Blumenkohl-Milchreis den Blumenkohl putzen und waschen. Dann entweder grob zerteilen und im Blitzhacker fein zerkleinern oder mit einem großen Messer längs in dünne Scheiben schneiden und diese dann auf Reiskorngröße klein hacken. Den Blumenkohl-Reis mit der Milch in einem Topf kurz aufkochen lassen. Gut durchrühren, Zimt und Zucker dazugeben und 10–12 Min. bei kleiner Hitze zugedeckt garen. Dabei immer wieder umrühren, damit der Blumenkohl-Milchreis nicht anbrennt.

3 Inzwischen für die karamellisierten Äpfel den Zucker in einer beschichteten Pfanne schmelzen und hellbraun karamellisieren lassen. Butter, Honig und Calvados oder Apfelsaft zugeben, erhitzen und köcheln lassen, bis sich der Karamell aufgelöst hat. Dann die Apfelringe zugeben und unter gelegentlichem, vorsichtigem Wenden 2–3 Min. garen, sodass die Apfelringe noch fest sind und nicht zerfallen. Den Blumenkohl-Reis auf tiefe Teller geben und die karamellisierten Äpfel mitsamt dem Karamell darauf verteilen.

TIPP

Der Blumenkohl schmeckt bei dieser Art der Zubereitung erstaunlich neutral und durch die Milch leicht süßlich, aber auf keinen Fall nach Kohl! Wer ein echtes Low-Carb-Dessert will, ersetzt den Rohrohrzucker im Milchreis durch Kokosblütenzucker oder Kokosblütensirup, deren glykämischer Index weit unter dem von »normalem« Zucker liegt. Dann am besten anstelle der karamellisierten Äpfel nur frisches, säuerliches Obst verwenden, z. B. Beeren oder Zitrusfrüchte.

AVOCADO-SCHOKO-MOUSSE MIT BIRNENKOMPOTT

DESSERT-VERGNÜGEN

FÜR 4 PERSONEN
ZUBEREITUNGSZEIT: *35 Min.*
KÜHLZEIT: *1 Std.*
PRO PORTION: *ca. 345 kcal,*
4 g E, 21 g F, 34 g KH

FÜR DIE MOUSSE:
75 g Zartbitter-Schokolade
  (mind. 70 % Kakaogehalt)
50 g Kokosmilch
1 vollreife (Hass-)Avocado
1 EL Kakaopulver
3 EL Ahornsirup

FÜR DAS KOMPOTT:
2 kleine reife feste Birnen
1 EL Zitronensaft
20 g kandierter Ingwer
2 ½ EL Zucker
125 ml klarer Birnensaft
Minzeblättchen zum Garnieren

1 Für die Mousse die Schokolade in Stücke brechen und über dem heißen Wasserbad schmelzen. Vom Herd nehmen, die Schokolade abkühlen lassen.

2 Inzwischen die Kokosmilch in einen hohen Mixbecher geben. Avocado halbieren, Kern entfernen, das Fruchtfleisch mit einem Löffel aus der Schale lösen und ebenfalls in den Mixbecher geben. Kakaopulver und Ahornsirup hinzufügen und alles mit dem Pürierstab zu einer cremigen, gleichmäßigen Masse pürieren. Die gut abgekühlte, aber noch flüssige Schokolade sofort gründlich unter die Avocado-Kakao-Mischung rühren oder mixen. Im Mixbecher zugedeckt ca. 1 Std. im Kühlschrank fester werden lassen.

3 Inzwischen für das Kompott die Birnen waschen, längs vierteln, das Kerngehäuse entfernen und die Viertel in kleine, ca. 0,5 cm große Würfel schneiden. Diese gleich in Zitronensaft wenden, damit sie nicht braun werden. Den kandierten Ingwer fein hacken.

4 Den Zucker in einem kleinen Topf schmelzen und hellbraun karamellisieren lassen. Die Birnenwürfel dazugeben und kurz mitkaramellisieren lassen, dann mit dem Birnensaft ablöschen. Unter Rühren bei mittlerer Hitze köcheln lassen, bis sich der Karamell aufgelöst hat, dabei gegen Ende den Ingwer unterrühren. Das Kompott mit den noch stückigen Birnenwürfeln nach Belieben lauwarm oder ganz abkühlen lassen. Die Minzeblättchen waschen und trocken schütteln.

5 Zum Servieren das Birnenkompott auf kleine Dessertteller verteilen. Mithilfe eines Esslöffels Nocken von der Mousse abstechen, auf das Kompott setzen und alles mit Minzeblättchen garnieren.

SIND DIE SÜSS!

SÜSSE MAIS-FRITTERS MIT HEIDELBEERSIRUP

DESSERT ODER FRÜHSTÜCK

FÜR 4 PERSONEN
ZUBEREITUNGSZEIT: *45 Min.*
PRO PORTION: *ca. 335 kcal,*
11 g E, 13 g F, 42 g KH

FÜR DEN HEIDELBEERSIRUP:
200 g Heidelbeeren
1 Vanilleschote
4 EL Ahornsirup

FÜR DIE MAIS-FRITTERS:
2 EL Mandeln
1 Dose Mais (285 g Abtropf-
*   gewicht)*
2 Eier (M)
1 Spritzer Zitronensaft
100 ml Mineralwasser
*   (mit Kohlensäure)*
100 g Mehl
Salz
Backpulver
1 TL Zimtpulver
2 EL Öl
Zimtpulver zum Bestäuben

1 Für den Sirup die Heidelbeeren verlesen, in ein Sieb geben, waschen und abtropfen lassen. Die Vanilleschote der Länge nach aufschneiden, das Mark herauskratzen und beiseitestellen. Die Vanilleschote mit 100 g Heidelbeeren, dem Ahornsirup und 100 ml Wasser in einem kleinen Topf aufkochen lassen. Dann 4–5 Min. köcheln lassen, bis die Beeren zerfallen. Alles durch ein feines Sieb geben, die Beeren dabei mit einem Löffel gut ausdrücken und den Sirup auffangen. Die übrigen rohen Heidelbeeren unter den Sirup mischen und alles abkühlen lassen.

2 Für die Fritters Mandeln im Blitzhacker fein mahlen. Mais in ein Sieb abgießen, kalt abspülen und abtropfen lassen. Die Hälfte der Maiskörner pürieren. Die Eier trennen. Eiweiße mit dem Zitronensaft in eine Rührschüssel geben und mit den Rührbesen des Handrührgeräts steif schlagen. Eigelbe mit dem Mineralwasser in einer zweiten Schüssel verquirlen. Mandeln gut mit Mehl, 1 Prise Salz, 1 Prise Backpulver, Zimt und Vanillemark mischen. Die Mandel-Mehl-Mischung unter die Eigelbmasse rühren. Das Mais-Püree hinzufügen und unterrühren. Dann zuerst die ganzen Maiskörner untermengen und zuletzt den Eischnee vorsichtig unterheben.

3 Das Öl nach und nach in einer beschichteten Pfanne erhitzen. Für jeden Fritter 1 gehäuften EL der Mais-Mischung in die Pfanne geben und mit dem Löffel flach streichen. Die Fritters pro Seite in 2–3 Min. goldbraun braten. Dann auf Küchenpapier abtropfen lassen und warm halten. Auf die gleiche Weise insgesamt ca. 16 Fritters ausbacken. Die Fritters mit dem Heidelbeersirup servieren und mit etwas Zimt bestäuben.

SIND DIE SÜSS!

SIND DIE SÜSS!

AUBERGINEN-SCHOKOTARTE MIT ORANGENAROMA

**FÜR 1 SPRINGFORM À
CA. 28 CM Ø (12 STÜCKE)**
ZUBEREITUNGSZEIT: *45 Min.*
BACKZEIT: *45 Min.*
PRO STÜCK: *ca. 350 kcal,
8 g E, 21 g F, 31 g KH*

*2 kleine Auberginen (ca. 400 g)
3 EL Sonnenblumenöl
200 g Zartbitter-Schokolade
100 g Orangeatwürfel
4 Eier (M)
Salz
180 g Zucker
1 Bio-Orange
½ TL Zimtpulver
⅓ TL gemahlener Kardamom
200 g Mandeln
2 EL Kakaopulver
2 EL Speisestärke
Orangeatwürfel zum Garnieren
   (nach Belieben)*

1   Den Backofen auf 200° vorheizen. Die Auberginen waschen, trocken tupfen, putzen, längs halbieren und auf den Schnittflächen mit der Hälfte des Sonnenblumenöls bepinseln. Die Auberginenhälften einzeln in Alufolie wickeln und im heißen Ofen auf dem Backofenrost (Mitte) in 30–40 Min. weich garen. Dann herausnehmen und etwas abkühlen lassen. Aus der Folie wickeln und lauwarm oder ganz abkühlen lassen.

2   Inzwischen die Backofentemperatur auf 180° reduzieren und ein Stück Backpapier auf dem Boden einer Springform einspannen. Den Rand der Springform dünn mit Öl bepinseln. Die Zartbitter-Schokolade in Stücke brechen und mit dem übrigem Öl über einem heißen Wasserbad schmelzen. Danach die Schokolade leicht abkühlen lassen.

3   Die Orangeatwürfel fein hacken. Die Eier trennen, die Eiweiße und 1 Prise Salz mit den Rührbesen des Handrührgeräts steif schlagen. Eigelbe in einer größeren Rührschüssel mit den Rührbesen des Handrührgeräts weißlich-cremig aufschlagen, dabei nach und nach den Zucker einrieseln lassen. Die Orange heiß waschen und trocken tupfen, die Schale fein abreiben. Den Abrieb mit Zimt und Kardamom unter die Eigelb-Zucker-Mischung rühren. Die Mandeln fein mahlen, mit Kakaopulver und Stärke mischen.

4   Die Auberginen fein pürieren, mit der leicht abgekühlten Schokolade unter die Eigelb-Zucker-Mischung rühren. Die Mandel-Kakao-Mischung und das fein gehackte Orangeat untermengen. Eiweiße vorsichtig unterheben. Den Teig in die Springform füllen und glatt streichen. Für die Garnitur Orangeatwürfel klein hacken und die Auberginen-Schokotarte damit bestreuen. Die Tarte im heißen Ofen (Mitte) 40–45 Min. backen.

SIND DIE SÜSS!

DIE AUBERGINEN MACHEN DIESEN KUCHEN HERRLICH SAFTIG UND PASSEN MIT IHREM
LEICHT HERBEN GESCHMACK IDEAL ZUR DUNKLEN SCHOKOLADE. DIE TARTE NACH DEM
AUSKÜHLEN AM BESTEN NOCH EINEN TAG IN ALUFOLIE GEPACKT DURCHZIEHEN LASSEN.

SIND DIE SÜSS!

CRÈME BRÛLÉE MIT KÜRBIS

FÜR 4 PERSONEN
ZUBEREITUNGSZEIT: *50 Min.*
BACKZEIT: *40 Min.*
KÜHLZEIT: *5 Std.*
PRO PORTION: *ca. 510 kcal,*
8 g E, 37 g F, 37 g KH

¼ *Hokkaido-Kürbis (ca. 250 g)*
100 ml Orangensaft
1 kleine Dose Kokosmilch
   (200 g)
75 g Zucker
200 g Crème fraîche
5 Eigelb (M)
1 TL Zimtpulver
frisch geriebene
   Muskatnuss
Ingwerpulver
gemahlene Nelken
4 TL brauner Zucker

AUSSERDEM:
4 flache, ofenfeste Förmchen
   (à 200 ml)
Crème-brûlée-Gasbrenner
   (s. Tipp)

1   Den Kürbis waschen, trocken tupfen und vierteln, Kerne mit einem Esslöffel herauskratzen. Das Fruchtfleisch mitsamt der Schale grob raspeln und mit dem Orangensaft in einem kleinen Topf aufkochen lassen. Den Kürbis zugedeckt in 8–10 Min. weich dünsten, dabei ab und zu umrühren. Dann den Kürbis samt der verbliebenen Flüssigkeit in einen hohen Rührbecher oder Mixbehälter geben und fein pürieren. Das Kürbispüree durch ein feines Sieb streichen und auskühlen lassen.

2   Den Backofen auf 170° vorheizen. Die Kokosmilch mit dem Zucker in einem Topf unter Rühren erhitzen (nicht kochen!), bis sich der Zucker aufgelöst hat. Dann vom Herd nehmen und auskühlen lassen. Crème fraîche, Eigelbe, Kürbispüree, Zimt und jeweils 1 Prise Muskatnuss, Ingwer und Nelken in den Topf dazugeben. Alles mit einem Schneebesen glatt rühren.

3   Die Masse in vier flache, ofenfeste Förmchen (à ca. 200 ml Inhalt) füllen und die Förmchen in eine flache Auflaufform stellen. So viel heißes Wasser in die Auflaufform füllen, bis die Förmchen bis knapp unter dem Rand im Wasser stehen. Im heißen Ofen (zweite Schiene von unten) ca. 40 Min. stocken lassen. Dann herausnehmen, abkühlen lassen und abgedeckt mind. 5 Std., am besten über Nacht kalt stellen.

4   Die Crèmes mit je 1 TL braunem Zucker bestreuen. Mit einem Crème-brûlée-Gasbrenner goldbraun karamellisieren und gleich servieren.

TIPP

Wenn Sie keinen Crème-brûlée-Gasbrenner haben, können Sie die mit Zucker bestreuten Förmchen auch unter den vorgeheizten Backofengrill stellen und den Zucker in 4–5 Min. karamellisieren lassen. Dabei unbedingt am Ofen stehen bleiben und die Crèmes im Auge behalten: Der Zucker kann innerhalb von wenigen Sekunden zu dunkel werden – und dann einen unangenehm bitteren Geschmack annehmen.

ROTE-BETE-CHEESECAKE MIT HIMBEEREN

FÜR 1 SPRINGFORM À CA. 24 CM Ø (12 STÜCKE)
ZUBEREITUNGSZEIT: *35 Min.*
KÜHLZEIT: *3 Std. 45 Min.*
PRO STÜCK: *ca. 280 kcal, 4 g E, 16 g F, 28 g KH*

150 g Butterkekse
100 g Butter
300 g TK-Himbeeren
4 EL Cassislikör (ersatzweise
   Johannisbeernektar)
350 g Doppelrahmfrischkäse
160 g Joghurt
120 g Zucker
1 Pck. Vanillezucker
1 Zitrone
200 g vorgegarte Rote Bete
   (vakuumverpackt)
200 ml Johannisbeernektar
2 ½ Pck. »Vegetarisches Geliermittel« à 4 g (ersatzweise
   8 Blätter Gelatine)

1   Für den Teigboden ein Stück Backpapier auf dem Boden einer Springform einspannen. Butterkekse im Blitzhacker klein mahlen oder die Kekse in einem Plastikbeutel verschließen und mit einem Nudelholz klein bröseln. Die Butter in einem Topf schmelzen und die Keksbrösel gründlich unterrühren. Die Bröselmasse in die Springform geben, mit einem Löffelrücken fest am Boden andrücken und glatt streichen. Kühl stellen.

2   Für den Teig Himbeeren mit 2 EL Cassislikör in einem Topf unter Rühren erhitzen und auftauen lassen. Mit einer Gabel zerdrücken oder kurz anpürieren. Beerenmasse durch ein feines Sieb streichen und dabei auffangen.

3   Doppelrahmfrischkäse, Joghurt, 100 g Zucker und Vanillezucker mit dem Schneebesen glatt rühren oder kurz pürieren. Zitrone auspressen. Rote Bete grob zerschneiden (dabei am besten Einmalhandschuhe verwenden, da Rote Bete stark abfärbt) und mit dem Zitronensaft, 150 ml Johannisbeernektar und gut einem Drittel des Himbeerpürees fein pürieren. Das Püree in einem Topf mit 2 Pck. Geliermittel verrühren und ein Mal unter Rühren aufkochen. Dann gleich gründlich mit dem Schneebesen unter die Frischkäse-Mischung rühren. Die Creme auf dem Kuchenboden verteilen, die Form mit Frischhaltefolie abdecken. Im Kühlschrank in 30-45 Min. fest werden lassen.

4   Für den Guss das übrige Himbeerpüree mit dem übrigen Johannisbeernektar (50 ml), dem übrigen Cassislikör (2 EL), dem übrigen Zucker (20 g) und dem übrigen Geliermittel (½ Pck.) in einem kleinen Topf verrühren. Ein Mal aufkochen lassen und gleich auf der Kuchenoberfläche verteilen. Fest werden lassen, den Kuchen mit Frischhaltefolie abdecken und nochmals ca. 3 Std. im Kühlschrank fest werden lassen. Dann den Cheesecake mit einem scharfen Messer vom Springformrand lösen, mithilfe des Backpapiers vom Formboden heben und auf eine Kuchenplatte setzen.

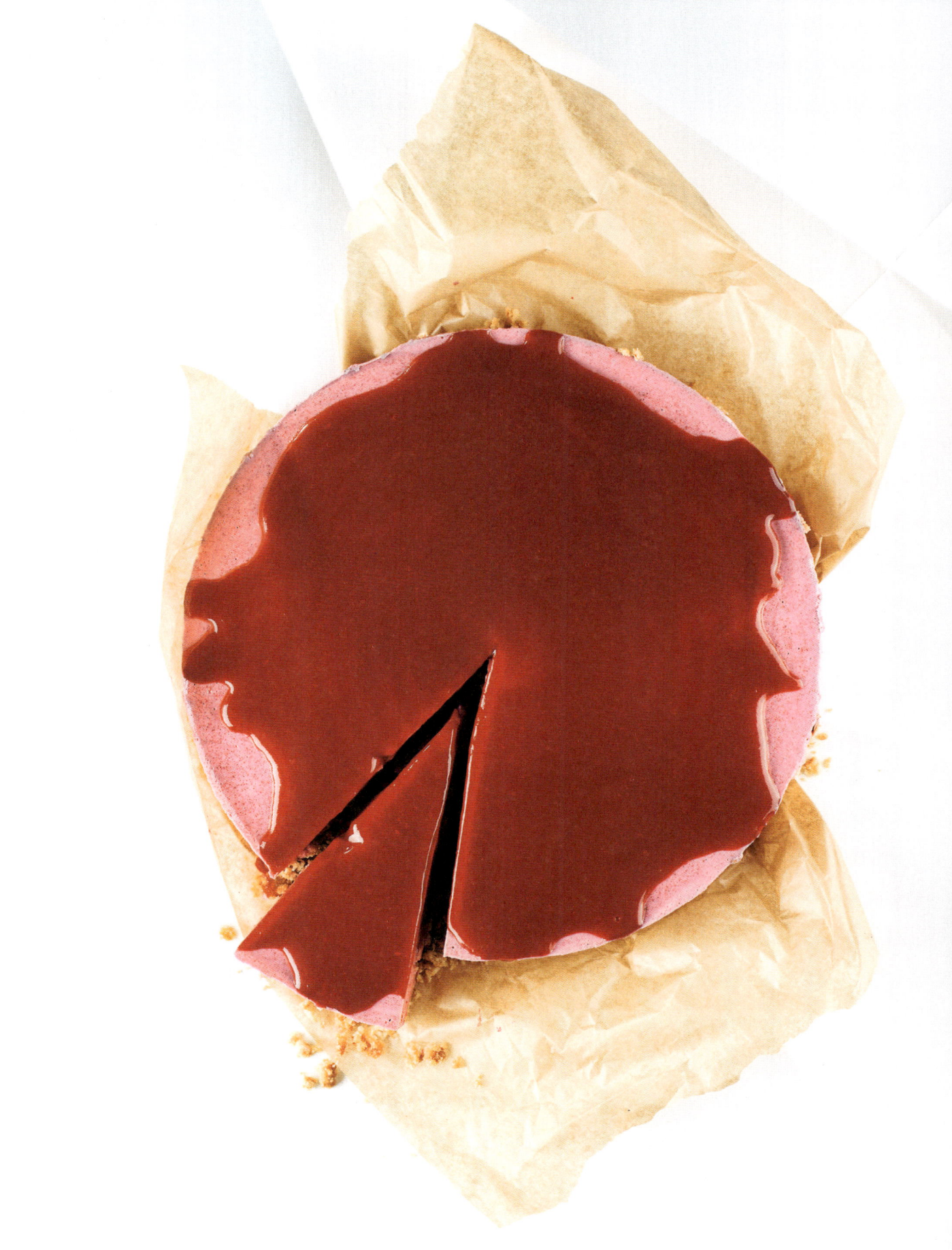

SPINAT-ZITRONEN-CUPCAKES

FÜR 12 STÜCK

ZUBEREITUNGSZEIT: *30 Min.*
BACKZEIT: *25 Min.*
AUSKÜHLZEIT: *1 Std.*
PRO STÜCK: *ca. 285 kcal,*
5 g E, 19 g F, 23 g KH

FÜR DEN TEIG:

200 g Baby-Spinat
125 ml Milch
50 g Pistazienkerne
125 g Mehl
½ Pck. Backpulver (ca. 8 g)
Salz
1 Vanilleschote
100 g weiche Butter
100 g Zucker
2 Eier (M)

FÜR DAS FROSTING:

60 g Puderzucker
60 g weiche Butter
½ Bio-Zitrone
175 g Doppelrahmfrischkäse
1 EL Pistazienkerne

AUSSERDEM:

12 Papierförmchen
12er-Muffinblech
Spritzbeutel mit Sterntülle

1 Den Spinat putzen und verlesen, waschen, trocken schleudern und in eine Schüssel geben. Die Milch lauwarm erhitzen, über den Spinat gießen und kurz ziehen lassen, bis der Spinat weicher wird. Dann den Spinat in der Milch fein pürieren und auskühlen lassen.

2 Den Backofen auf 175° vorheizen. Die Papierförmchen in das Muffinblech setzen. Pistazienkerne fein mahlen und mit Mehl, Backpulver und 1 Prise Salz mischen. Vanilleschote längs aufschneiden, das Mark herauskratzen und mit der Butter und dem Zucker in eine Schüssel geben. Mit den Rührbesen des Handrührgeräts in ca. 5 Min. cremig aufschlagen. Die Eier einzeln hinzufügen und nacheinander unterschlagen. Die Mehl-Pistazien-Mischung im Wechsel mit der Spinat-Milch auf niedriger Rührstufe kurz unterrühren. Dann auf höchster Rührstufe ca. 10 Sek. durchrühren.

3 Den Teig in die Papierförmchen füllen und im heißen Ofen (Mitte) 20–25 Min. backen. Herausnehmen und abkühlen lassen. Die Cupcakes in den Papierförmchen aus dem Blech holen und auf einem Kuchengitter ca. 1 Std. vollständig auskühlen lassen.

4 Für das Frosting den Puderzucker in eine Schüssel sieben, die Butter dazugeben. Dann mit den Rührbesen des Handrührgeräts in ca. 5 Min. hell-cremig aufschlagen. Zitrone heiß waschen, trocken tupfen, die Schale fein abreiben und unter die Butter-Zucker-Mischung rühren. Frischkäse zugeben und auf niedriger Rührstufe kurz untermengen. Das Frosting in einen Spritzbeutel füllen und bis zur Verwendung kühl stellen. Vor dem Servieren das Frosting als Tuffs auf die Cupcakes spritzen. Zuletzt die Pistazienkerne grob hacken und die Cupcakes damit bestreuen.

SIND DIE SÜSS!

NICE-CREAM

RED DELIGHT *siehe S. 184* | **1**
GREEN POWER *siehe S. 184* | **2**
ORANGE BOOSTER *siehe S. 185* | **3**
ERBSEN-STRACCIATELLA-EIS
siehe S. 185 | **4**
MAIS-EIS MIT SCHOKO-
POPCORN *siehe S. 185* | **5**

SIND DIE SÜSS!

DARF'S NOCH EINE PORTION GEMÜSE MEHR SEIN? ABER GERNE, WENN SIE SICH SO SÜSS VERSTECKT WIE IN UNSEREN EISCREMES UND BUNTEN POPSICLES (EIS AM STIEL), SAGEN WIR NICHT NEIN. UND VERBINDEN SO GANZ LOCKER DIE LUST AUF EINE KÜHLE ERFRISCHUNG MIT EINEM PLUS AN GESUNDHEIT.

Warum so nice?

Eis mit Gemüse ist ein Trend, der »nice« (nett) zu unseren Geschmacksnerven ist, zur Gesundheit und für die Figur. Mit Gemüse erhöht sich die Nährstoffdichte der süßen Schleckereien enorm: Viele Ballaststoffe, Vitamine, Mineralstoffe und bioaktive Pflanzenstoffe bereichern das Eisvergnügen – und dazu gibt's weniger Kalorien und Fruchtzucker.

Wie's funktioniert

Ganz unkompliziert lässt sich Gemüse in Stieleis unterbringen: Die »Popsicles« sind im Prinzip nichts anderes als gefrorene Smoothies oder Säfte. Aber auch bei cremigen Eissorten können Sie die meist kalorienreiche Masse aus Milchprodukten und Eigelb mit Gemüse »strecken« und aromatisieren.

Das brauchen Sie dazu

Praktisch für Popsicles sind die verbreiteten Formen aus Kunststoff mit dem Stiel in der Mitte. Sie können Ihre Eismasse aber auch in ausgespülten Joghurtbechern einfrieren: dabei den Stiel erst nach ca. 45 Min. Gefrierzeit mittig einstecken. Damit Sie eine Smoothie-Mischung schön glatt bekommen, empfiehlt sich je nach Zutaten ein Hochleistungsmixer; cremiges Eis lässt sich am besten mit einer Eismaschine herstellen. Es geht aber auch ohne: Frieren Sie die Eismasse in einer flachen Schale ca. 5 Std. ein. Dabei etwa alle 30 Min. mit einer Gabel durchrühren, damit das Eis cremig wird.

Perfekte Partner

Passend für eine Nice-Cream sind süßliche Gemüsesorten wie Möhren, Erbsen oder Mais. Kombiniert mit süßen Früchten (z. B. Äpfeln) lässt sich ein Eis mit wenig oder gar keinem zugesetzten Zucker herstellen. Je herber das verwendete Gemüse ist, desto höher sollte der Fruchtanteil sein. Auch cremige Zutaten wie Milchprodukte, Kokosmilch oder Avocado sorgen für süße und »nice« Geschmackserlebnisse!

RED DELIGHT

FÜR 8 STÜCK / ZUBEREITUNGSZEIT: *10 Min.* / **TIEFKÜHLZEIT:** *5 Std.*
PRO STÜCK: *ca. 65 kcal, 2 g E, 2 g F, 8 g KH*

150 g vorgegarte Rote Bete (vakuumverpackt) in grobe Stücke
schneiden und in einen hohen Rührbecher oder Mixbehälter geben.
100 g Heidelbeeren waschen, trocken tupfen und dazugeben. Mit
2 EL Cashew-Mus und **300 ml frisch gepresstem Orangensaft** zu der
Roten Bete geben und alles fein pürieren. Dann in **8 Stieleis-Formen
(à ca. 80 ml Inhalt)** füllen. Die Stiele einstecken und das Eis mind.
5 Std., am besten über Nacht, gefrieren lassen.

GREEN POWER

FÜR 8 STÜCK / ZUBEREITUNGSZEIT: *10 Min.* /
TIEFKÜHLZEIT: *5 Std.*
PRO STÜCK: *ca. 80 kcal, 2 g E, 4 g F, 8 g KH*

75 g Baby-Spinat putzen und verlesen, waschen, trocken schleudern und grob hacken. **1 Kiwi** schälen und
in Stücke schneiden. **2 Stängel Minze** waschen, trocken
schütteln, Blättchen abzupfen und fein hacken. Alles
mit **2 EL Zitronensaft**, **350 g griechischem Joghurt
(10 % Fett)** und **2–3 EL Honig oder Agavendicksaft**
in einen hohen Rührbecher oder Mixer geben und fein
pürieren. In **8 Stieleis-Formen (à ca. 80 ml Inhalt)**
füllen, Stiele einstecken und das Eis mind. 5 Std., am
besten über Nacht, gefrieren lassen.

✕

**AUSTAUSCH-
BAR:**

*Statt des Spinats können
Sie auch Baby-Grünkohl
verwenden. Das Eis wird vegan,
wenn Sie den griechischen
Joghurt mit einer pflanzlichen
Alternative aus Kokosnuss
ersetzen.*

ORANGE BOOSTER

FÜR 8 STÜCK / ZUBEREITUNGSZEIT: *10 Min.* **/ TIEFKÜHLZEIT:** *5 Std.*
PRO STÜCK: *ca. 20 kcal, 0 g E, 0 g F, 4 g KH*

250 g Möhren putzen und schälen. **2 Äpfel** waschen, trocken tupfen und vierteln. **1 Stück Ingwer (ca. 5 cm lang)** schälen. Alles mithilfe eines Entsafters entsaften und **½ TL gemahlene Kurkuma** unterrühren. Den Saft in **8 Stieleis-Formen (à ca. 80 ml Inhalt)** füllen. Die Stiele einstecken und das Eis mind. 5 Std., am besten über Nacht gefrieren lassen.

ERBSEN-STRACCIATELLA-EIS

FÜR 4 PERSONEN (8 KUGELN) / ZUBEREITUNGSZEIT: *15 Min.* **/ GEFRIERZEIT:** *20 Min.*
PRO PORTION: *ca. 245 kcal, 5 g E, 20 g F, 12 g KH*

175 g TK-Erbsen bei Zimmertemperatur auftauen lassen. Das Fruchtfleisch von **½ Avocado** aus der Schale lösen. Mit den aufgetauten Erbsen, **200 g Kokosmilch**, **2 EL Agavendicksaft** und **1 Prise Salz** in einen hohen Rührbecher oder Mixer geben und fein pürieren. Die Masse in eine Eismaschine geben und nach Betriebsanleitung ca. 20 Min. gefrieren lassen. Inzwischen **50 g Zartbitter-Schokolade** grob hacken und kurz vor Ende der Gefrierzeit in die Eismaschine geben. Das Eis in eine Tiefkühlbox mit Deckel füllen und bis zum Servieren in das Tiefkühlfach stellen (Haltbarkeit: ca. 3 Monate). Das Eis zu Kugeln formen und servieren.

MAIS-EIS

FÜR 4 PERSONEN (8 KUGELN) / ZUBEREITUNGSZEIT: *20 Min.* **/ GEFRIERZEIT:** *20 Min.*
PRO PORTION: *ca. 320 kcal, 5 g E, 20 g F, 30 g KH*

1 Maiskolben von Hüllblättern und Fäden befreien, waschen. Körner vom Kolben schneiden, mit **50 ml Milch** und dem Mark von **½ Vanilleschote** erhitzen und ca. 5 Min. zugedeckt köcheln lassen. Alles fein pürieren, durch ein feines Sieb gießen und gut ausdrücken. Auskühlen lassen. **60 g Zucker** und **2 Eigelbe (M)** mit den Rührbesen des Handrührgeräts in ca. 5 Min. cremig aufschlagen. Nach und nach die Mais-Milch unterschlagen. **200 g Sahne** halbsteif schlagen, unter die Maismischung heben. Die Masse in einer Eismaschine nach Betriebsanleitung ca. 20 Min. gefrieren lassen. In eine Tiefkühlbox mit Deckel füllen und bis zum Servieren in das Tiefkühlfach stellen (Haltbarkeit: ca. 3 Monate). Das Eis zu Kugeln formen und nach Belieben mit **30 g Schoko-Popcorn** bestreuen.

REGISTER

A

Äpfel
Blumenkohl-Milchreis mit karamellisierten Äpfeln 168
Eis »Orange Booster« 185
Hasselback-Potatoes mit Pastinaken-Apfel-Rohkost 144
Kohlrabi-Fritten mit Apfel-Ketchup 40
Antipasti-Panzanella 52
Artischocken-Streich 14
Asia-Pickles 33
Asia-Rainbow-Salat mit Tandoori-Huhn 70
Auberginen
Antipasti-Panzanella 52
Auberginen mit Joghurt und Hackfleisch 132
Auberginen-Sandwiches mit Erbsencreme 24
Auberginen-Schokotarte mit Orangenaroma 174
Spinatlinsen mit Limetten-Auberginen 104
Aufstriche und Dips
Apfel-Ketchup 40
Artischocken-Streich 14
Avocado-Dip 42
Erbsencreme 24
Erdnuss-Dip 57
Korianderdip 38
Koriandermayo 37
Mandel-Mayo 68
Paprika-Aufstrich 14
Quark-Dip 44
Röstkürbis-Creme 15
Rote-Bete-Creme 15
Sellerie-Remoulade 16
Tahinsauce 151
Tofunaise 130
Würzjoghurt 46
Avocado
Avocado-Schoko-Mousse mit Birnenkompott 170
Blumenkohl-Sushi 58
Caprese mit Spargel und Erdbeeren 50
Erbsen-Stracciatella-Eis 185
Salat mit Avocado und Kokosnuss-Bacon 68
Salat-Tacos mit Elotes 18
Süßkartoffel-Toasts 12
Zucchini-Halloumi-Puffer 42

B

Bánh-mì mit Asia-Pickles und Koriandermayo 34
Bánh-mì-Schweinefleisch 36
Bao-Buns mit Pulled Jackfruit und buntem Gemüse 26
Beercan-Cabbage-Burger 156
Bibimbap-Bowl mit Bulgogi-Hack, Gemüse und Dattel-Chili-Sauce 98
Birnen
Avocado-Schoko-Mousse mit Birnenkompott 170
Käse-Fondue mit ganz viel Gemüse 122
Black-and-White-Wurzelsuppe mit Linsen 84
Blumenkohl
Blumenkohl-Döner 46
Blumenkohl-Milchreis mit karamellisierten Äpfeln 168
Blumenkohl-Sushi 58
Fried Blumenkohl-Reis mit Sesam-Omelett 114
Bohnen, grüne: Scharfe Kokos-Bohnen 120
Bowls
Bibimbap-Bowl mit Bulgogi-Hack, Gemüse und Dattel-Chili-Sauce 98
Möhren-Smoothie-Bowl 10
Oriental Bowl mit Knusper-Kichererbsen 148
Brokkoli
Ofen-Süßkartoffeln mit Brokkolisalat und Tofunaise 130
Pasta mit Brokkoli, gebackenen Tomaten und Sardellenbröseln 110
Würziger Ofen-Brokkoli 147
Brot und Brötchen
Antipasti-Panzanella 52
Auberginen-Sandwiches mit Erbsencreme 24
Bánh-mì mit Asia-Pickles und Koriandermayo 34
Bao-Buns mit Pulled Jackfruit und buntem Gemüse 26
Beercan-Cabbage-Burger 156
Blumenkohl-Döner 46
Hot Gazpacho aus Ofengemüse 86
Möhren-Hotdog mit Sellerie-Remoulade 16
Sauerkraut-Quesadillas 22
Schwein-gehabt-Pulled-Pork-Sandwiches 20
Veggie-Burger mit Nusscreme 30
Bulgogi-Hack 101
Bulgur mit Kräutern 151
Burger: siehe Brot und Brötchen

C

Caprese mit Spargel und Erdbeeren 50
Chili-Pilze 93
Chinakohl
Chinakohl-Rolls mit Ente 60
Japanischer Kohl-Pfannkuchen 124
Kimchi 32
Cordon bleu aus Sellerie mit Kartoffelpüree 116
Corn-Chowder mit Spinat 94
Crème brûlée mit Kürbis 176

D

Datteln
Dattel-Chili-Sauce 101
Marokkanischer Süßkartoffel-Kichererbsen-Eintopf 102
Dips: siehe Aufstriche und Dips
Döner mit Blumenkohl 46

E

Edamame-Bohnen
Pinkfarbene Kohlsuppe mit Hackbällchen 82
Rot-grünes Winter-Taboulé mit Roter Bete 62
Sesam-Soba-Nudeln mit buntem Wokgemüse 112

Eier

Auberginen-Schokotarte mit Orangenaroma 174

Bibimbap-Bowl mit Bulgogi-Hack, Gemüse und Dattel-Chili-Sauce 98

Crème brûlée mit Kürbis 176

Fried Blumenkohl-Reis mit Sesam-Omelett 114

Golden Veggie Soup mit Grünkohlchips 88

Hot Gazpacho aus Ofengemüse 86

Japanischer Kohl-Pfannkuchen 124

Koriandermayo 37

Mais-Eis 185

Marinierte Eier 93

Pinkfarbene Kohlsuppe mit Hackbällchen 82

Rainbow-Rolls mit Omelett 56

Sellerie-Cordon-Bleu mit Kartoffelpüree 116

Shakshuka mit Mangold 126

Spinat-Zitronen-Cupcakes 180

Süße Mais-Fritters mit Heidelbeersirup 172

Topinambur-Waffeln 44

Veggie-Burger 30

Wirsing-Pizza mit Salsiccia 164

Zucchini-Halloumi-Puffer 42

Eintopf

Marokkanischer Süßkartoffel-Kichererbsen-Eintopf 102

Shakshuka mit Mangold 126

Eis

Erbsen-Stracciatella-Eis 185

Green Power 184

Mais-Eis 185

Orange Booster 185

Red Delight 184

Elotes: Salat-Tacos mit Elotes 18

Endiviensalat: Flammkuchen mit Speck, Endivie, Pilzen und Walnüssen 160

Entenfleisch: Chinakohl-Rolls mit Ente 60

Erbsen

Auberginen-Sandwiches mit Erbsencreme 24

Erbsen-Stracciatella-Eis 185

Extragrüne Erbsen 121

Erdbeeren: Caprese mit Spargel und Erdbeeren 50

F

Falafel mit Süßkartoffeln und Rote-Bete-Salat 142

Fisch und Meeresfrüchte

Blumenkohl-Sushi (+ Meat) 58

Corn-Chowder mit Spinat (+ Meat) 94

Gegrillter Radicchio mit Mangosauce und Räucherforelle 136

Grünes Risotto mit Pilzen (+ Meat) 96

Knusper-Spargel mit Zitronen-Lachs 134

Mediterraner Kartoffelsalat aus dem Ofen (+ Meat) 66

Pasta mit Brokkoli, gebackenen Tomaten und Sardellenbröseln 110

Rainbow-Rolls mit Omelett (+ Meat) 56

Rettich-Nudeln mit Garnelen 54

Feta: siehe Schafskäse

Fladen: siehe Pizza, Flammkuchen und Fladen

Flammkuchen mit Speck, Endivie, Pilzen und Walnüssen 160

Fondue: Käse-Fondue mit ganz viel Gemüse 122

Fried Blumenkohl-Reis mit Sesam-Omelett 114

Fritten aus Kohlrabi mit Apfel-Ketchup 40

G

Gazpacho: Hot Gazpacho aus Ofengemüse 86

Gefüllter Kürbisbraten mit Orangen-Nuss-Sauce 154

Gegrillter Radicchio mit Mangosauce und Räucherforelle 136

Gemüse-Ramen mit Huhn 90

Gemüsebrühe mit Asia-Touch 92

Gewokkte Radieschen 100

Glasierte Pastinaken 146

Golden Veggie-Soup mit Grünkohlchips 88

Granatapfel

Auberginen mit Joghurt und Hackfleisch 132

Ofen-Süßkartoffeln mit Brokkolisalat und Tofunaise 130

Süßkartoffel-Falafel mit Rote-Bete-Salat 142

Grünes Risotto mit Pilzen 96

Grünkohl

Gefüllter Kürbisbraten mit Orangen-Nuss-Sauce 154

Golden Veggie-Soup mit Grünkohlchips 88

Grünkohlsalat mit Sharon und Halloumi 64

H

Hackfleisch

Auberginen mit Joghurt und Hackfleisch 132

Bulgogi-Hack 101

Pinkfarbene Kohlsuppe mit Hackbällchen 82

Portobello-Burger 28

Salat-Tacos mit Elotes 18

Thai-Gemüsenudelsalat mit pikantem Hackfleisch 76

Halbtrockene Ofentomaten 150

Halloumi

Gegrillter Radicchio mit Mangosauce und Räucherforelle (- Meat) 136

Grünkohlsalat mit Sharon und Halloumi (- Meat) 64

Zucchini-Halloumi-Puffer 42

Hasselback-Potatoes mit Pastinaken-Apfel-Rohkost 144

Heidelbeeren

Eis »Red Delight« 184

Süße Mais-Fritters mit Heidelbeersirup 172

Himbeeren: Rote-Bete-Cheesecake mit Himbeeren 178

Hot Gazpacho aus Ofengemüse 86

Hotdog mit Möhren und Sellerie-Remoulade 16

Hühnerfleisch

Asia-Rainbow-Salat mit Tandoori-Huhn 70

Caprese mit Spargel und Erdbeeren (+ Meat) 50

Gemüse-Ramen mit Huhn 90

Rainbow-Rolls mit Omelett (+ Meat) 56

I

Ingwer

Asia-Pickles 33

Asia-Rainbow-Salat mit Tandoori-Huhn 70

Avocado-Schoko-Mousse mit Birnenkompott 170

Bao-Buns mit Pulled Jackfruit und buntem Gemüse 26

Blumenkohl-Sushi 58

Eis »Orange Booster« 185

Gemüsebrühe mit Asia-Touch 92

Golden Veggie-Soup mit Grünkohlchips 88

Japanischer Otsu-Salat mit Soba-Nudeln 72

Kimchi 32

Möhrensuppe mit Möhrengrün-Pesto 80

Pinkfarbene Kohlsuppe mit Hackbällchen 82
Rainbow-Rolls mit Omelett 56
Rettich-Nudeln mit Garnelen 54
Spinatlinsen mit Limetten-Auberginen 104

J

Jackfruit: Bao-Buns mit Pulled Jackfruit und buntem
  Gemüse 26
Japanischer Kohl-Pfannkuchen 124
Japanischer Otsu-Salat mit Soba-Nudeln 72

K

Käsefondue mit viel Gemüse 122
Kartoffeln
  Black-and-White-Wurzelsuppe mit Linsen 84
  Hasselback-Potatoes mit Pastinaken-Apfel-Rohkost 144
  Käsefondue mit viel Gemüse 122
  Mediterraner Kartoffelsalat aus dem Ofen 66
  Sellerie-Cordon-bleu mit Kartoffelpüree 116
Kichererbsen
  Kichererbsen-Socca mit Tomaten und Rucola 158
  Marokkanischer Süßkartoffel-Kichererbsen-Eintopf 102
  Mixed Pakoras mit Korianderdip 38
  Oriental Bowl mit Knusper-Kichererbsen 148
  Süßkartoffel-Falafel mit Rote-Bete-Salat 142
Kimchi 32
Knollensellerie
  Black-and-White-Wurzelsuppe mit Linsen 84
  Möhren-Hotdog mit Sellerie-Remoulade 16
  Sellerie-Cordon-bleu mit Kartoffelpüree 116
Knusper-Kichererbsen 150
Knusper-Spargel mit Zitronen-Lachs 134
Kohl-Pfannkuchen, japanischer 124
Kohlrabi
  Kohlrabi-Fritten mit Apfel-Ketchup 40
  One-Pot-Frühlingspasta 106
Kohlsuppe, pinkfarbene mit Hackbällchen 82
Kokos-Bohnen, scharfe 120
Koriandermayo 37
Kräuter-Bulgur 151
Kürbis
  Crème brûlée mit Kürbis 176
  Gefüllter Kürbisbraten mit Orangen-Nuss-Sauce 154
  Kürbis-Tarte-Tatin mit Ziegenkäse 162
  Röstkürbis-Creme 15
  Zoodles mit Kürbiskernsauce 108

L

Lauch
  Corn-Chowder mit Spinat 94
  Mediterraner Kartoffelsalat aus dem Ofen 66
Lammfleisch: Rote-Bete-Päckchen (+ Meat) 138
Linsen
  Black-and-White-Wurzelsuppe mit Linsen 84
  Gefüllter Kürbisbraten mit Orangen-Nuss-Sauce 154
  Schwein-gehabt-Pulled-Pork-Sandwiches 20
  Spinatlinsen mit Limetten-Auberginen 104
  Tandoori-Gemüse mit Linsen und Knusper-Topping 140

M

Mais-Eis 185
Mangold
  Mangoldpäckchen in Tomatensauce 118
  Rot-grünes Winter-Taboulé mit Roter Bete 62
  Shakshuka mit Mangold 126
Marinierte Eier 93
Marokkanischer Süßkartoffel-Kichererbsen-Eintopf 102
Mediterraner Kartoffelsalat aus dem Ofen 66
Milchreis aus Blumenkohl mit karamellisierten Äpfeln 168
Mixed Pakoras mit Korianderdip 38
Möhren
  Eis »Orange Booster« 185
  Mixed Pakoras mit Korianderdip 38
  Möhren-Hotdog mit Sellerie-Remoulade 16
  Möhren-Smoothie-Bowl 10
  Möhrensuppe mit Möhrengrün-Pesto 80
  Schwein-gehabt-Pulled-Pork-Sandwiches 20
  Tandoori-Gemüse mit Linsen und Knusper-Topping 140
Mousse aus Avocado und Schoko mit Birnenkompott 170

N

Nice-Cream 182
Nudeln
  Gemüse-Ramen mit Huhn 90
  Japanischer Otsu-Salat mit Soba-Nudeln 72
  One-Pot-Frühlingspasta 106
  Pasta mit Brokkoli, gebackenen Tomaten und
    Sardellenbröseln 110
  Sesam-Soba-Nudeln mit buntem Wokgemüse 112
  Thai-Gemüsenudelsalat mit pikantem Hackfleisch 76

O

Ofen-Brokkoli, würziger 147
Ofen-Rosenkohl-Salat mit Graupen 74
Ofen-Süßkartoffeln mit Brokkolisalat und Tofunaise 130
Ofentomaten, halbtrockene 150
One-Pot-Frühlingspasta 106
Orange
  Auberginen-Schokotarte mit Orangenaroma 174
  Creme brûlee mit Kürbis 176
  Eis »Red Delight« 184
  Gefüllter Kürbisbraten mit Orangen-Nuss-Sauce 154
  Grünkohlsalat mit Sharon und Halloumi 64
  Kürbis-Tarte-Tatin mit Ziegenkäse 162
  Möhrensuppe mit Möhrengrün-Pesto 80
  Rote Bete a l'orange 120
  Rote-Bete-Creme 15
  Rot-grünes Winter-Taboule mit Roter Bete 62
  Sticky Tempeh 37
Oriental Bowl mit Knusper-Kichererbsen 148
Otsu-Salat, japanischer mit Soba-Nudeln 72

P

Pakoras: Mixed Pakoras mit Korianderdip 38
Panzanella: Antipasti-Panzanella 52
Paprika
  Antipasti-Panzanella 52
  Asia-Rainbow-Salat mit Tandoori-Huhn 70

Blumenkohl-Döner 46
Fried Blumenkohl-Reis mit Sesam-Omelett 114
Hot Gazpacho aus Ofengemüse 86
Paprika-Aufstrich 14
Pasta mit Brokkoli, gebackenen Tomaten und
  Sardellenbröseln 110
Shakshuka mit Mangold 126
Rainbowrolls mit Omelett 56
Salat-Tacos mit Elotes 18
Sauerkraut-Quesadillas 22

Pastinaken
  Black-and-White-Wurzelsuppe mit Linsen 84
  Glasierte Pastinaken 146
  Hasselback-Potatoes mit Pastinaken-Apfel-Rohkost 144
Pesto: Möhrensuppe mit Möhrengrün-Pesto 80
Pfannkuchen: Japanischer Kohl-Pfannkuchen 124
Pickles: Asia-Pickles 33
Pikante Zuckerschoten 100

Pilze
  Chili-Pilze 93
  Flammkuchen mit Speck, Endivie, Pilzen und
    Walnüssen 160
  Grünes Risotto mit Pilzen 96
  Käsefondue mit viel Gemüse 122
  Portobello-Burger 28
  Sesam-Soba-Nudeln mit buntem Wokgemüse 112
Pink Sauerkraut 32
Pinkfarbene Kohlsuppe mit Hackbällchen 82

Pizza, Flammkuchen und Fladen
  Flammkuchen mit Speck, Endivie, Pilzen und
    Walnüssen 160
  Kichererbsen-Socca mit Tomaten und Rucola 158
  Kürbis-Tarte-Tatin mit Ziegenkäse 162
  Sauerkraut-Quesadillas 22
  Wirsing-Pizza mit Salsiccia 164
Portobello-Burger 28

Q

Quinoa
  Mangoldpäckchen in Tomatensauce 118
  Möhrensuppe mit Möhrengrün-Pesto 80

R

Radicchio, gegrillter mit Mangosauce und
  Räucherforelle 136
Radieschen, gewokkte 100
Rainbow-Rolls mit Omelett 56
Ramen mit Gemüse und Huhn 90

Reis
  Bibimbap-Bowl mit Bulgogi-Hack, Gemüse und Dattel-
    Chili-Sauce 98
  Gefüllter Kürbisbraten mit Orangen-Nuss-Sauce 154
  Grünes Risotto mit Pilzen 96

Rettich
  Asia-Pickles 33
  Rettich-Nudeln mit Garnelen 54

Rindfleisch
  Sesam-Soba-Nudeln mit buntem Wokgemüse
    (+ Meat) 112
  Zoodles mit Kürbiskernsauce (+ Meat) 108

Risotto, grünes mit Pilzen 96
Röstkürbis-Creme 15

Rosenkohl
  Käsefondue mit ganz Gemüse 122
  Ofen-Rosenkohl-Salat mit Graupen 74
  Pinkfarbene Kohlsuppe mit Hackbällchen 82
Rot-grünes Winter-Taboulé mit Roter Bete 62

Rote Bete
  Eis »Red Delight« 184
  Rot-grünes Winter-Taboulé mit Roter Bete 62
  Rote Bete à l'orange 120
  Rote-Bete-Cheesecake mit Himbeeren 178
  Rote-Bete-Creme 15
  Rote-Bete-Päckchen 138
  Süßkartoffel-Falafel mit Rote-Bete-Salat 142
  Veggie-Burger mit Nusscreme 30

Rotkohl
  Asia-Rainbow-Salat mit Tandoori-Huhn 70
  Beercan-Cabbage-Burger 156
  Blumenkohl-Döner 46
  Pinkfarbene Kohlsuppe mit Hackbällchen 82
Rucola: Kichererbsen-Socca mit Tomaten und Rucola 158

S

Salat mit Avocado und Kokosnuss-Bacon 68
Salat-Tacos mit Elotes 18
Sandwiches: siehe Brot und Brötchen

Sauerkraut
  Pink Sauerkraut 32
  Sauerkraut-Quesadillas 22

Schafskäse
  Mangoldpäckchen in Tomatensauce 118
  Mediterraner Kartoffelsalat aus dem Ofen 66
  Rote-Bete-Päckchen 138
  Shakshuka mit Mangold 126
Scharfe Kokos-Bohnen 120

Schweinefleisch
  Bánh-mì-Schweinefleisch 36
  Gegrillter Radicchio mit Mangosauce und Räucherforelle
    (+ Meat) 136
Schwein-gehabt-Pulled-Pork-Sandwiches 20
Sellerie-Cordon-bleu mit Kartoffelpüree 116
Sesam-Soba-Nudeln mit buntem Wokgemüse 112
Sesam-Spinat 121
Shakshuka mit Mangold 126
Smoothie: Möhren-Smoothie-Bowl 10

Soba-Nudeln
  Japanischer Otsu-Salat mit Soba-Nudeln 72
  Sesam-Soba-Nudeln mit buntem Wokgemüse 112
Socca mit Kichererbsen, Tomaten und Rucola 158

Spargel
  Caprese mit Spargel und Erdbeeren 50
  Knusper-Spargel mit Zitronen-Lachs 134
  One-Pot-Frühlingspasta 106

Speck
  Corn-Chowder mit Spinat (+ Meat) 94
  Flammkuchen mit Speck, Endivie, Pilzen und
    Walnüssen 160
  Hasselback-Potatoes mit Pastinaken-Apfel-Rohkost 144
  Japanischer Kohl-Pfannkuchen (+ Meat) 124
  Topinambur-Waffeln (+ Meat) 44

Wirsing-Steaks 147

Spinat
Corn-Chowder mit Spinat 94
Eis »Green Power« 184
Grünes Risotto mit Pilzen 96
Mixed Pakoras mit Korianderdip 38
Salat mit Avocado und Kokosnuss-Bacon 68
Sesam-Spinat 121
Spinatlinsen mit Limetten-Auberginen 104
Spinat-Zitronen-Cupcakes 180
Zucchini-Rollatini 152
Sticky Tempeh 37
Süße Mais-Fritters mit Heidelbeersirup 172

Süßkartoffeln
Marokkanischer Süßkartoffel-Kichererbsen-Eintopf 102
Möhrensuppe mit Möhrengrün-Pesto 80
Ofen-Süßkartoffeln mit Brokkolisalat und Tofunaise 130
Süßkartoffel-Falafel mit Rote-Bete-Salat 142
Süßkartoffel-Toasts 12
Teriyaki-Süßkartoffeln 146

Suppen
Black-and-White-Wurzelsuppe mit Linsen 84
Corn-Chowder mit Spinat 94
Gemüse-Ramen mit Huhn 90
Gemüsebrühe mit Asia-Touch 92
Golden Veggie-Soup mit Grünkohlchips 88
Hot Gazpacho aus Ofengemüse 86
Möhrensuppe mit Möhrengrün-Pesto 80
Pinkfarbene Kohlsuppe mit Hackbällchen 82
Sushi mit Blumenkohl 58

T

Taboulé: Rot-grünes Winter-Taboulé mit Roter Bete 62
Tahinsauce 151
Tandoori-Gemüse mit Linsen und Knusper-Topping 140
Tandoori-Huhn mit Asia-Rainbow-Salat 70

Tartes
Auberginen-Schokotarte mit Orangenaroma 174
Kürbis-Tarte-Tatin mit Ziegenkäse 162
Tempeh: Sticky Tempeh 37
Teriyaki-Süßkartoffeln 146
Thai-Gemüsenudelsalat mit pikantem Hackfleisch 76

Tofu
Bibimbap-Bowl mit Bulgogi-Hack, Gemüse und Dattel-Chili-Sauce 98
Gegrillter Radicchio mit Mangosauce und Räucherforelle (- Meat) 136
Gemüse-Ramen mit Huhn (Austausch-Bar) 90
Ofen-Süßkartoffeln mit Brokkolisalat und Tofunaise 130
Rettich-Nudeln mit Garnelen (- Meat) 54
Tofunaise 130

Tomaten
Antipasti-Panzanella 52
Auberginen-Sandwiches mit Erbsencreme 24
Halbtrockene Ofentomaten 150
Hot Gazpacho aus Ofengemüse 86
Kichererbsen-Socca mit Tomaten und Rucola 158
Kohlrabi-Fritten mit Apfel-Ketchup 40
Mangoldpäckchen in Tomatensauce 118
Marokkanischer Süßkartoffel-Kichererbsen-Eintopf 102
Mediterraner Kartoffelsalat aus dem Ofen 66

Pasta mit Brokkoli, gebackenen Tomaten und Sardellenbröseln 110
Portobello-Burger 28
Shakshuka mit Mangold 126
Wirsing-Pizza mit Salsiccia 164
Zoodles mit Kürbiskernsauce 108
Zucchini-Rollatini 152
Topinambur-Waffeln 44

V/W

Veggie-Burger mit Nusscreme 30

Wirsing
Wirsing-Pizza mit Salsiccia 164
Wirsing-Steaks 147

Wurst und Schinken
Hot Gazpacho aus Ofengemüse (+ Meat) 86
Ofen-Rosenkohl-Salat mit Graupen (+ Meat) 74
Sauerkraut-Quesadillas (+ Meat) 22
Sellerie-Cordon-bleu mit Kartoffelpüree (+ Meat) 116
Shakshuka mit Mangold (+ Meat) 126
Wirsing-Pizza mit Salsiccia 164
Zoodles mit Kürbiskernsauce (+ Meat) 108
Zucchini-Rollatini (+ Meat) 152
Würziger Ofen-Brokkoli 147

Z

Zoodles
Rettich-Nudeln mit Garnelen 54
Sesam-Soba-Nudeln mit buntem Wokgemüse 112
Thai-Gemüsenudelsalat mit pikantem Hackfleisch 76
Zoodles mit Kürbiskernsauce 108

Zucchini
Auberginen-Sandwiches mit Erbsencreme 24
Zoodles mit Kürbiskernsauce 108
Zucchini-Halloumi-Puffer 42
Zucchini-Rollatini 152

Zuckermais
Corn-Chowder mit Spinat 94
Mais-Eis 185
Salat-Tacos mit Elotes 18
Süße Mais-Fritters mit Heidelbeersirup 172

Zuckerschoten
One-Pot-Frühlingspasta 106
Pikante Zuckerschoten 100
Sesam-Soba-Nudeln mit buntem Wokgemüse 112

Appetit auf mehr?

© 2018 GRÄFE UND UNZER VERLAG GmbH, München

Alle Rechte vorbehalten. Nachdruck, auch auszugsweise, sowie die Verbreitung durch Film, Funk, Fernsehen und Internet, durch fotomechanische Wiedergabe, Tonträger und Datenverarbeitungssysteme jeglicher Art nur mit schriftlicher Genehmigung des Verlages.

Projektleitung: Monika Greiner

Lektorat: Julia Genazino

Korrektorat: Ulrike Wagner

Innen- und Umschlaggestaltung: independent Medien-Design, Horst Moser, München

Herstellung: Susanne Mühldorfer

Satz: Longo AG, Herbert Steger, Bozen

Reproduktion: Longo AG, Bozen

Druck: aprinta druck GmbH, Wemding

Bindung: Conzella, Pfarrkirchen

Syndication: www.seasons.agency

Printed in Germany

01. Auflage 2018

ISBN 978-3-8338-6456-8

www.facebook.com/gu.verlag

DIE AUTORINNEN

Tanja Dusy und **Inga Pfannebecker** (www.inga-pfannebecker.de), beide freie Foodjournalistinnen in München bzw. Amsterdam, spüren für ihre Kochbücher immer die neuesten internationalen Foodtrends auf. Für sie ist Gemüse schon lange viel mehr als „nur" Grundlage für bunte Veggie-Rezepte: Für dieses Buch raspelten, zoodelten und schnipselten sie sich durch Gemüsekisten und Marktstände und entdeckten dabei völlig neue Facetten von Möhre, Blumenkohl, Roter Bete und Co.!

DIE FOTOGRAFEN

Julia Schmidt und **Nikolas Hagele**, kurz genannt **JUNI**, rücken in ihrem Berliner Studio Food ins rechte Licht. Zusammen mit **Urs Hug** (Foodstyling) haben sie sich ausgiebig in Origami geübt und damit den Tellern und Schüsseln voller Gemüse eine würdige Unterlage bereitet. www.juni-fotografen.de

BILDNACHWEIS

Autorenfoto Tanja Dusy: Monika Schürle; Autorenfoto Inga Pfannebecker: Maud Fontein; alle anderen Fotos: JUNI, Berlin.

TITELREZEPT

Tandoori-Gemüse mit Linsen und Knusper-Topping (S. 140)

Umwelthinweis:

Dieses Buch ist auf PEFC-zertifiziertem Papier aus nachhaltiger Waldwirtschaft gedruckt.

Ein Unternehmen der
GANSKE VERLAGSGRUPPE

QUALITÄTS
G|U
GARANTIE

Liebe Leserin, lieber Leser,

haben wir Ihre Erwartungen erfüllt? Sind Sie mit diesem Buch zufrieden? Haben Sie weitere Fragen zu diesem Thema? Wir freuen uns auf Ihre Rückmeldung, auf Lob, Kritik und Anregungen, damit wir für Sie immer besser werden können.

GRÄFE UND UNZER Verlag
Leserservice
Postfach 86 03 13
81630 München
E-Mail:
leserservice@graefe-und-unzer.de

Telefon: 00800 / 72 37 33 33*
Telefax: 00800 / 50 12 05 44*
Mo–Do: 9.00 – 17.00 Uhr
Fr: 9.00 – 16.00 Uhr
(* gebührenfrei in D, A, CH)

Ihr GRÄFE UND UNZER Verlag
Der erste Ratgeberverlag – seit 1722.

Backofenhinweis:

Die Backzeiten können je nach Herd variieren. Die Temperaturangaben in unseren Rezepten beziehen sich auf das Backen im Elektroherd mit Ober- und Unterhitze und können bei Gasherden oder Backen mit Umluft abweichen. Details entnehmen Sie bitte Ihrer Gebrauchsanweisung.